Talianska Magia v Tvojej Kuchyni

Odkrývanie tajomstiev talianskej kuchyne pre začiatočníkov

Lucia Nováková

OBSAH

Chlebové rezance vo vývare 8

Tirolské chlebové knedle 10

Zelená fazuľka a klobásová polievka 13

Escarole polievka a mäsové guľky 16

„svadobná" polievka 18

toskánska rybacia polievka 21

Hrubá rybia polievka 24

Morské plody, cestoviny a fazuľová polievka 26

Mušle a mušle v paradajkovom vývare 30

marinara omáčka 32

čerstvá paradajková omáčka 34

Paradajková omáčka na sicílsky spôsob 36

Toskánska paradajková omáčka 38

pizza omáčka 40

"Falošná" mäsová omáčka 42

ružová omáčka 45

Cibuľová paradajková omáčka 47

Omáčka z pečených paradajok 49

Guláš v štýle Abruzzo 51

neapolský guláš 54

klobásový guláš 58

Ragu v štýle krokov 60

toskánska mäsová omáčka 63

Dusené mäso v Bologni 67

kačací guláš 70

Králičie alebo kuracie guláš 73

Dusené hríby a mäso 76

Bravčový guláš s čerstvými bylinkami 79

Mäsový guláš s hľuzovkou 82

Maslo a šalviová omáčka 86

svätý olej 88

Syrová omáčka Fontina 89

Bešamelová omáčka 90

Cesnaková omáčka 92

Zelená omáčka 94

Sicílska omáčka s cesnakom a kaparami 96

Omáčka z petržlenu a vajec 98

Červená paprika a paradajková omáčka 101

olivová omáčka 103

Sušená paradajková omáčka 104

Papriková omáčka v štýle molise 105

majonéza z olivového oleja 107

Linguini s cesnakom, olejom a feferónkou ... 110

Cesnakové a olivové špagety ... 112

Linguine s pestom ... 114

Jemné orechové špagety ... 116

Linguine so sušenými paradajkami ... 118

Špagety s paprikou, pecorino a bazalkou ... 120

Penne s cuketou, bazalkou a vajíčkami ... 124

Cestoviny s hráškom a vajcom ... 127

Linguini so zelenými fazuľkami, paradajkami a bazalkou ... 130

Uši so zemiakovým krémom a rukolou ... 133

Cestoviny a zemiaky ... 135

Škrupiny z karfiolu a syra ... 138

Karfiol, šafran a ríbezľové cestoviny ... 140

Motýliky s artičokmi a hráškom ... 143

Fettuccine s artičokmi a hríbmi ... 146

Rigatoni s baklažánovým ragú ... 150

Sicílske špagety s baklažánom ... 153

Motýliky s brokolicou, paradajkami, píniovými orieškami a hrozienkami ... 156

Cavatelli s listami cesnaku a zemiakmi ... 158

Cuketový linguine ... 161

Penne s restovanou zeleninou ... 163

Penne s hubami, cesnakom a rozmarínom ... 167

Cesnak a repa Linguini 169

Motýliky s cviklou a zeleňou 171

cestoviny so šalátom 174

Fusilli s pečenými paradajkami 176

Kolená so zemiakmi, paradajkami a rukolou 179

Linguini v rustikálnom rímskom štýle 181

Penne s jarnou zeleninou a cesnakom 183

"Vlečné" cestoviny so smotanou a hubami 185

Rímske cestoviny s paradajkami a mozzarellou 188

Fusilli z tuniaka a paradajok 190

Linguini so sicílskym pestom 192

Špagety s "Crazy" pestom 194

Motýliky so syrovou omáčkou puttanesca 196

Cestoviny Crudités 198

Špagety "Ponáhľaj sa" 200

Penne "nahnevaný" 203

Rigatoni s ricottou a paradajkovou omáčkou 205

Motýliky s cherry paradajkami a strúhankou 207

dusené mušle 209

Cícerové cestoviny 211

Rigatoni Rigoletto 213

Chlebové rezance vo vývare

Passatelli v Brode

Vyrába 6 porcií

Passatellisú to rezancové pásiky cesta vyrobené zo sušenej strúhanky a strúhaného syra, ktoré sa spojili s rozšľahanými vajíčkami. Hmota prechádza zariadením podobným drviča na zemiaky alebo mlynčeku na potraviny priamo do vriaceho vývaru. Niektorí kuchári pridávajú do cesta trochu čerstvo nastrúhanej citrónovej kôry. Passatelli vo vývare bolo kedysi v Emilia-Romagna tradičným nedeľným jedlom, po ktorom nasledovala pečienka.

8 domácich pohárov<u>Mäsová šťava</u>buď<u>Kurací vývar</u>alebo komerčná zmes z polovice vývaru a z polovice vody

3 veľké vajcia

1 šálka čerstvo nastrúhaného syra Parmigiano-Reggiano a ďalšie na servírovanie

2 polievkové lyžice čerstvej plochej petržlenovej vňate, veľmi jemne nasekanej

1/4 lyžičky strúhaného muškátového oriešku

Asi 3/4 šálky suchej strúhanky

1. V prípade potreby pripravte vývar. Potom vo veľkej miske rozšľaháme vajcia, kým sa nezmiešajú. Vmiešame syr, petržlenovú vňať a muškátový oriešok do hladka. Pridajte toľko strúhanky, aby vzniklo hladké, husté cesto.

2. Ak nie je čerstvo pripravený, priveďte vývar do varu vo veľkom hrnci. Ochutnajte vývar a podľa potreby dochuťte.

3. Na panvicu umiestnite sekač na potraviny s čepeľou s veľkým otvorom, drvič na zemiaky alebo cedník s veľkými otvormi. Syrovú zmes pretlačíme cez mlynček na zeleninu alebo cedník do vriaceho vývaru. Varte na miernom ohni 2 minúty. Pred podávaním odstráňte z tepla a nechajte 2 minúty postáť. Podávajte horúce s ďalším syrom.

Tirolské chlebové knedle

canederli

Vyrába 4 porcie

Kuchári v severnom Taliansku, neďaleko rakúskych hraníc, pripravujú žemľové knedle, ktoré sú úplne odlišné od knedlíkov passatelli vyrábaných v Emilia-Romagna. Podobne ako rakúsky knödel, aj canederli sa vyrábajú z celozrnného alebo ražného chleba, ochutené salámou (suchá klobása z nahrubo nakrájaného bravčového mäsa) alebo mortadellou (jemná klobása z veľmi jemne nasekaného bravčového mäsa ochutená muškátovým oriešokm a často celými pistáciami). Udusia sa v tekutine a potom sa podávajú vo vývare, aj keď sú dobré aj s paradajkovou omáčkou alebo maslovou omáčkou.

8 domácich pohárovMäsová šťavabuďKurací vývaralebo komerčná zmes z polovice vývaru a z polovice vody

4 šálky ražného chleba bez semien alebo denného celozrnného chleba

1 šálka mlieka

2 lyžice nesoleného masla

1 1/2 šálky nakrájanej cibule

3 unce salámy, bologna alebo údenej šunky, jemne nakrájanej

2 veľké vajcia, rozšľahané

2 lyžice nasekanej čerstvej pažítky alebo čerstvej plochej petržlenovej vňate

Soľ a čerstvo mleté čierne korenie

Asi 1 šálka viacúčelovej múky

1/2 šálky čerstvo nastrúhaného Parmigiano-Reggiano

1. V prípade potreby pripravte vývar. Potom vo veľkej miske namočte chlieb na 30 minút do mlieka za občasného miešania. Chlieb by sa mal začať rozpadávať.

2. V malej panvici rozpustite maslo na strednom ohni. Pridajte cibuľu a varte za častého miešania dozlatista, asi 10 minút.

3. Poškriabajte obsah panvice cez chlieb. Pridajte mäso, vajcia, pažítku alebo petržlenovú vňať, soľ a korenie podľa chuti. Pridajte dostatok múky, po troškách, aby zmes držala tvar. Nechajte 10 minút postáť.

4. Navlhčite si ruky studenou vodou. Zo zmesi odoberte asi 1/4 šálky a vytvarujte z nej guľu. Vyvaľkajte guľku v múke. Položte guľu cesta na kúsok voskovaného papiera. Opakujte so zvyškom zmesi.

5. Veľký hrniec s vodou priveďte do varu. Znížte teplotu, aby sa voda dusila. Opatrne poukladáme polovicu fašírky, alebo len toľko, aby hrniec nebol preťažený. Varte 10 až 15 minút alebo kým nie sú mäsové guľky uvarené. Pomocou dierovanej lyžice preložíme fašírky na tanier. Zvyšné fašírky uvaríme rovnakým spôsobom.

6. Keď ste pripravení podávať polievku, priveďte vývar do varu. Pridajte mäsové guľky a dusíme 5 minút alebo kým sa neprehreje. Podávajte fašírky vo vývare so strúhaným syrom.

Zelená fazuľka a klobásová polievka

Fagioliniho Zuppa

Vyrába 4 porcie

V jedno leto, keď som bol malý, som navštívil pratetu, ktorá mala krásny viktoriánsky dom na pobreží Long Islandu v New Yorku. Každý deň pripravovala premyslené obedy a večere pre svojho manžela, ktorý podľa všetkého očakával nie menej ako tri chody. Bola to jedna z polievok, ktoré urobil.

Na túto polievku používam strednozrnnú ryžu, takú, akú používam na rizoto, pretože to doma bežne jedávam, ale hodila by sa aj dlhozrnná ryža.

2 lyžice olivového oleja

1 stredná nakrájaná cibuľa

1 nasekaná červená alebo žltá paprika

3 talianske bravčové klobásy

2 veľké paradajky, olúpané, zbavené semienok a nakrájané, alebo 1 šálka nasekaných paradajok z konzervy

8 uncí zelenej fazuľky, orezané a nakrájané na malé kúsky

Štipka mletej červenej papriky

Soľ

3 šálky vody

1 1/4 šálky strednozrnnej ryže, ako je Arborio

1. Nalejte olej do stredného hrnca. Pridajte cibuľu, papriku a klobásu a za občasného miešania varte, kým zelenina nezmäkne a klobása jemne nezhnedne, asi 10 minút.

2. Pridajte paradajky, zelenú fazuľku, drvenú červenú papriku a soľ podľa chuti. Pridajte 3 šálky studenej vody a priveďte do varu. Znížte teplotu a varte 15 minút.

3. Klobásky preložíme na tanier. Klobásky nakrájajte na tenké plátky a vráťte ich do hrnca.

4. Pridajte ryžu a varte, kým ryža nezmäkne, ďalších 15 až 20 minút. Podávajte horúce.

Escarole polievka a mäsové guľky

Zuppa od Scaroly a Polpettiniho

Vyrobí 6-8 porcií

Bola to moja obľúbená polievka, keď som vyrastal, hoci sme ju jedli len na sviatky a špeciálne príležitosti. Stále nedokážem odolať a robím to často.

4 litrový dom<u>Kurací vývar</u>alebo komerčná zmes z polovice vývaru a z polovice vody

1 stredná hlava endívie (asi 1 libra)

3 veľké mrkvy, nakrájané

Halušky

1 libra hovädzieho mäsa alebo mletého hovädzieho mäsa

2 veľké vajcia, rozšľahané

1 1/2 šálky veľmi jemne nakrájanej cibule

1 šálka strúhanky

1 šálka čerstvo nastrúhaného syra Pecorino Romano plus viac na servírovanie

1 lyžička soli

Čerstvo mleté čierne korenie, podľa chuti

1. V prípade potreby pripravte vývar. Potom endivia nakrájajte a vyhoďte pomliaždené listy. Odrežte konce stonky. Oddeľte listy a dobre ich umyte v studenej vode, najmä v strede listov, kde sa hromadia nečistoty. Stohujte listy a nakrájajte ich naprieč na 1-palcové pásy.

2. Vo veľkom hrnci zmiešajte vývar, čakanku a mrkvu. Priveďte do varu a varte 30 minút.

3. Medzitým si pripravte mäsové guľky: Všetky ingrediencie na mäsové guľky zmiešajte vo veľkej mise. Rukami (alebo dávkovačom lyžičky) vytvarujte zo zmesi malé guľôčky vo veľkosti malého hrozna a uložte ich na tanier alebo tácku.

4. Keď je zelenina uvarená, do polievky opatrne vkladajte fašírky jednu po druhej. Varte na miernom ohni, kým nie sú mäsové guľky uvarené, asi 20 minút. Ochutnajte a upravte korenie. Podávame horúce, posypané strúhaným Pecorino Romano.

„svadobná" polievka

Minestra Maritata

Vyrobí 10-12 porcií

Mnoho ľudí predpokladá, že táto neapolská polievka dostala svoje meno podľa toho, že sa podáva na svadobných hostinách, ale „vydatá" v skutočnosti znamená spojenie chutí rôznych druhov mäsa a zeleniny, ktoré sú hlavnými ingredienciami. Je to veľmi starý recept, jedlo, ktoré ľudia jedli každý deň a pridávali doň akékoľvek zvyšky mäsa a zeleniny, ktoré našli. Dnes sa to považuje za staromódne, aj keď si neviem predstaviť uspokojivejšie jedlo v chladnom dni.

Namiesto zeleniny nižšie môžete použiť mangold, čakanku, kel alebo kapustu. Vyskúšajte Janov alebo inú taliansku salámu namiesto soppressata alebo šunkovú kosť na prosciutto. Pre najlepšiu chuť pripravte polievku deň pred podávaním.

1 libra mäsových bravčových rebier (bravčové rebrá na vidiecky spôsob)

1 kosť prosciutto (voliteľné)

2 stredné mrkvy, nakrájané

2 zelerové rebrá s listami

1 stredná cibuľa

1 libra talianskej bravčovej klobásy

1 hrubý plátok dovezeného talianskeho prosciutta (asi 4 unce)

1 4-uncový kúsok soppressata

Štipka mletej červenej papriky

1 1/2 libry (1 malá hlava) endívie, orezané

1 libra (1 stredný zväzok) orezanej brokolice

1 libra (asi pol malej hlavy) kelu, nakrájaného na prúžky

8 uncí brokolice, nakrájanej na ružičky (asi 2 šálky)

Čerstvo nastrúhaný Parmigiano-Reggiano

1. Vo veľkom hrnci priveďte do varu 5 litrov vody. Pridajte bravčové kotlety, kosť prosciutto, ak používate, mrkvu, zeler a cibuľu. Znížte oheň na mierny oheň a varte 30 minút na strednom ohni.

2. Penu, ktorá vystúpi na vrch, odhrňte. Pridáme klobásu, prosciutto, soppressatu a drvenú červenú papriku. Varte, kým bravčové kotlety nezmäknú, asi 2 hodiny.

3. Medzitým si umyte a nakrájajte všetku zeleninu. Veľký hrniec s vodou priveďte do varu. Pridajte polovicu zeleniny. Priveďte do varu a varte 10 minút. Pomocou dierovanej lyžice preneste zeleninu do cedníka nad veľkou misou. Zvyšnú zeleninu uvaríme rovnakým spôsobom. Dobre sceďte a nechajte vychladnúť. Po vychladnutí nakrájame zeleninu na malé kúsky.

4. Po 2 hodinách varenia vyberte mäso a klobásy z vývaru. Vyhoďte kosti a nakrájajte mäso a klobásy na malé kúsky.

5. Nechajte vývar mierne vychladnúť. Odmastíme vývar. Vývar preceďte cez jemné sitko do veľkého, čistého hrnca. Vráťte mäso do vývaru. Pridajte zeleninu. Vráťte do varu a varte 30 minút.

6. Podávame horúce, posypané strúhaným Parmigiano-Reggiano.

toskánska rybacia polievka

caccucco

Vyrába 6 porcií

Čím viac druhov rýb pridáte do hrnca na túto toskánsku špecialitu, tým lepšia bude polievka.

1 1/4 šálky olivového oleja

1 stredná cibuľa

1 zelerové rebro, nakrájané

1 nakrájanú mrkvu

1 mletý strúčik cesnaku

2 lyžice nasekanej čerstvej petržlenovej vňate

Štipka mletej červenej papriky

1 bobkový list

1 živý homár (1 až 2 libry)

2 celé ryby (každá asi 1 1/2 libry), ako napríklad porgy, pruhovaný vlk, chňapal červený alebo ostriež, očistené a nakrájané na kúsky (hlavy odstránené a odložené)

1 1/2 šálky suchého bieleho vína

1 libra paradajok, olúpaných, zbavených semienok a nasekaných

1 libra kalamárov (chobotnice), očistených a nakrájaných na 1-palcové koliesok

Plátky toastového talianskeho chleba

1. Nalejte olej do veľkého hrnca. Pridajte cibuľu, zeler, mrkvu, cesnak, petržlen, papriku a bobkový list. Varte na miernom ohni za častého miešania, kým zelenina nie je mäkká a zlatá, asi 10 minút.

2. Položte dutinu homára na dosku na krájanie. Neodstraňujte pásky, ktoré držia pazúry zatvorené. Zakryte si ruku hrubým uterákom alebo držiakom na hrniec a držte homára nad chvostom. Špičku ťažkého kuchárskeho noža ponorte do tela v mieste, kde sa chvost stretáva s prsiami. Pomocou nožníc na hydinu odstráňte tenkú škrupinu, ktorá pokrýva mäso chvosta. Odstráňte tmavú chvostovú žilu, ale ponechajte zelené tomalli a červené koraly, ak sú prítomné. Chvost odložte nabok. Telo

homára a pazúry v kĺboch nakrájajte na 1-2 palcové kúsky. Udierajte do pazúrov tupou stranou noža, aby ste ich odlomili.

3.Do panvice pridajte dutinu pŕs homára a odložené rybie hlavy a odrezky. Pečieme 10 minút. Pridáme víno a 2 minúty povaríme. Pridajte paradajky a 4 šálky vody. Priveďte do varu a varte 30 minút.

4.Pomocou štrbinovej lyžice vyberte dutinu homára, rybie hlavy a bobkový list z hrnca a vyhoďte. Zvyšné ingrediencie dajte cez mlynček na potraviny do veľkej misy.

5.Panvicu opláchneme a nalejeme polievku. Tekutinu priveďte do varu. Pridajte mäkkýše, ktoré sa musia variť dlhšie, napríklad kalamáre. Pečieme takmer do mäkka, asi 20 minút. Pridajte homí chvost, pazúry a kúsky rýb. Varte, kým homár a ryba nie sú vo vnútri nepriehľadné, ešte asi 10 minút.

6.Do každej misky polievky vložte plátky toastového chleba. Polievkou zalejeme chlieb a podávame horúce.

Hrubá rybia polievka

ciuppine

Vyrába 6 porcií

Na túto polievku môžete použiť jeden druh rýb alebo niekoľko odrôd. Pre viac cesnakovú chuť potrite plátky toastového chleba surovým strúčikom cesnaku pred pridaním polievky do misiek. Námorníci z Janova priniesli túto klasickú polievku do San Francisca, kde sa mnohí z nich usadili. San Francisci svoju verziu nazývajú cioppino.

2 1/2 libry rôznych pevných filé z bielej ryby, ako je halibut, morský vlk alebo mahi mahi

1 1/4 šálky olivového oleja

1 stredná mrkva, jemne nakrájaná

1 detské zelerové rebro, nakrájané nadrobno

1 stredná nakrájaná cibuľa

2 strúčiky cesnaku nakrájané nadrobno

1 šálka suchého bieleho vína

1 šálka ošúpaných čerstvých paradajok zbavených semienok a nakrájaných na kocky alebo konzervovaných paradajok

Soľ a čerstvo mleté čierne korenie

2 lyžice nasekanej čerstvej petržlenovej vňate

6 plátkov opečeného talianskeho alebo francúzskeho chleba

1. Opláchnite kúsky rýb a osušte ich. Rybu nakrájajte na 2-palcové kúsky, kosti vyhoďte.

2. Nalejte olej do veľkého hrnca. Pridajte mrkvu, zeler, cibuľu a cesnak. Varte za častého miešania na strednom ohni do mäkka a zlatistej farby, asi 10 minút. Pridajte rybu a varte za občasného miešania ďalších 10 minút.

3. Prilejeme víno a privedieme do varu. Pridajte paradajky, soľ a korenie podľa chuti. Pridajte studenú vodu na zakrytie. Priveďte do varu a varte 20 minút.

4. Pridajte petržlenovú vňať. Do každej misky polievky vložte plátok toastového chleba. Polievkou zalejeme chlieb a podávame horúce.

Morské plody, cestoviny a fazuľová polievka

Cestoviny a fagioli s Frutti di Mare

Vyrobí 4-6 porcií

Polievky, ktoré kombinujú cestoviny a fazuľu s morskými plodmi, sú obľúbené v celom južnom Taliansku. Toto je moja verzia tej, ktorú som vyskúšal v Alberto Ciarla, slávnej reštaurácii s morskými plodmi v Ríme.

1 libra malých mušlí

1 libra malých mušlí

2 lyžice olivového oleja

2 unce jemne nasekanej slaniny

1 stredná cibuľa, jemne nakrájaná

2 strúčiky cesnaku nakrájané nadrobno

3 šálky uvarenej, sušenej alebo konzervovanej fazule cannellini, scedenej

1 šálka nakrájaných paradajok

1 1/2 libry kalamárov (kalamáry), nakrájané na 1-palcové kolieska

Soľ a čerstvo mleté čierne korenie

8 uncí špagiet, nalámaných na 1-palcové kúsky

2 lyžice nasekanej čerstvej petržlenovej vňate

extra panenský olivový olej

1. Mušle vložte zakryté do studenej vody na 30 minút. Vydrhnite ich tvrdou kefou a zoškrabte všetky mreny alebo riasy. Odstráňte ostne potiahnutím smerom k úzkemu koncu škrupín. Vyhoďte mušle, ktoré majú popraskanú škrupinu alebo ktoré pri poklepaní netesnia. Vložte mušle do veľkého hrnca s 1/2 šálky studenej vody. Hrniec prikryjeme a privedieme do varu. Varte, kým sa mušle neotvoria, asi 5 minút. Pomocou štrbinovej lyžice preložíme mušle do misky.

2. Vložte mušle do panvice a zakryte panvicu. Varte, kým sa mušle neotvoria, asi 5 minút. Odstráňte mušle z hrnca. Tekutinu z panvice precedíme cez papierový kávový filter do misky a odstavíme.

3. Pomocou prstov vyberte mušle a mušle zo škrupín a vložte ich do misy.

4. Nalejte olej do veľkého hrnca. Pridáme slaninu, cibuľu a cesnak. Varte za častého miešania na strednom ohni do mäkka a zlatista, asi 10 minút.

5. Pridajte fazuľu, paradajky a kalamáre. Pridajte odloženú šťavu z mäkkýšov. Priveďte do varu a varte 20 minút.

6. Pridajte mäkkýše a varte, kým sa neuvaria, asi 5 minút.

7. Medzitým priveďte do varu veľký hrniec s vodou. Pridajte cestoviny a soľ podľa chuti. Varte do mäkka. Cestoviny scedíme a pridáme do polievky. Ak sa vám polievka zdá príliš hustá, pridajte trochu tekutiny z cestovín.

8. Pridajte petržlenovú vňať. Podávame horúce, pokvapkané extra panenským olivovým olejom.

Mušle a mušle v paradajkovom vývare

Zuppa di Cozze

Vyrába 4 porcie

Môžete to urobiť so všetkými mušľami alebo všetkými mušľami, ak chcete.

2 libry mušlí

1 1/2 šálky olivového oleja

4 strúčiky cesnaku nakrájané nadrobno

2 lyžice nasekanej čerstvej petržlenovej vňate

Štipka mletej červenej papriky.

1 šálka suchého bieleho vína

3 libry zrelých paradajok, olúpaných, zbavených semienok a nakrájaných na kocky alebo 2 plechovky (28-35 uncí) dovezených lúpaných slivkových paradajok, nakrájaných na kocky

Soľ

2 kilové malé mušle

8 plátkov opečeného talianskeho alebo francúzskeho chleba

1 celý strúčik cesnaku

1. Mušle vložte zakryté do studenej vody na 30 minút. Vydrhnite ich tvrdou kefou a zoškrabte všetky mreny alebo riasy. Odstráňte ostne potiahnutím smerom k úzkemu koncu škrupín. Vyhoďte mušle, ktoré majú popraskanú škrupinu alebo ktoré pri poklepaní netesnia.

2. Vo veľkom hrnci zohrejte olej na strednom ohni. Pridáme mletý cesnak, petržlenovú vňať a drvenú červenú papriku a dusíme do zlatista, asi 2 minúty. Pridajte víno a priveďte do varu. Pridajte paradajky a štipku soli. Varte na miernom ohni za občasného miešania, kým zmes mierne nezhustne, asi 20 minút.

3. Jemne vmiešame mušle a mušle. Hrniec prikryte. Varte 5 až 10 minút, kým sa mušle a mušle neotvoria. Všetky, ktoré sa neotvárajú, zlikvidujte.

4. Toastový chlieb potrieme pretlačeným strúčikom cesnaku. Do každého polievkového taniera položte kúsok chleba. Ozdobte mušľami a mušľami a ich tekutinou. Podávajte horúce.

na použitie s inými potravinami.

marinara omáčka

marinara omáčka

Vytvára 2 1/2 šálky

Cesnak dodáva tejto rýchlo uvarenej omáčke v južnom talianskom štýle charakteristickú chuť. Neapolčania zľahka rozdrvia klinčeky stranou veľkého noža. To uľahčuje odstránenie šupky a otvorenie klinčekov, aby sa uvoľnila jeho chuť. Pred podávaním odstráňte celé strúčiky cesnaku.

Bazalku pridávam neskoro v čase varenia pre najčerstvejšiu chuť. Sušená bazalka je slabá náhrada za čerstvú, ale môžete ju nahradiť čerstvou petržlenovou vňaťou alebo mätou. Táto omáčka je ideálna na špagety alebo iné suché cestoviny.

1 1/4 šálky olivového oleja

2 veľké strúčiky cesnaku, rozdrvené

Štipka mletej červenej papriky

3 libry čerstvých slivkových paradajok, olúpaných, zbavených semienok a nakrájaných na kocky, alebo 1 (28 uncí) dovezených

lúpaných slivkových paradajok so šťavou, dajte cez mlynček na potraviny

Soľ podľa chuti

4 lístky čerstvej bazalky, nakrájané na kúsky

1. Nalejte olej do stredného hrnca. Pridajte cesnak a červenú papriku. Varte na strednom ohni, pričom cesnak raz alebo dvakrát otočte dozlatista, asi 5 minút. Odstráňte cesnak z panvice.

2. Pridajte paradajky a soľ podľa chuti. Varte 20 minút za občasného miešania, alebo kým omáčka nezhustne.

3. Vypnite oheň a pridajte bazalku. Podávajte horúce. Môže sa pripraviť vopred a uskladniť vo vzduchotesnej nádobe v chladničke až 5 dní alebo v mrazničke až 2 mesiace.

čerstvá paradajková omáčka

Ľahká omáčka

Pripraví 3 šálky

Táto omáčka je nezvyčajná v tom, že nezačína obvyklou cibuľou alebo cesnakom vareným na olivovom oleji alebo masle. Namiesto toho sa aromatické látky dusia s paradajkami, aby mala omáčka jemnú zeleninovú chuť. Podávame s akýmikoľvek čerstvými cestovinami alebo ako omáčku k frittáte či inej omelete.

4 libry zrelých slivkových paradajok, olúpaných, zbavených semienok a nasekaných

1 stredná mrkva, nakrájaná

1 stredná nakrájaná cibuľa

1 malé zelerové rebro, nasekané

Soľ podľa chuti

6 lístkov čerstvej bazalky, nakrájaných na malé kúsky

1 1/4 šálky extra panenského olivového oleja

1. Vo veľkej panvici s hrubým dnom zmiešajte paradajky, mrkvu, cibuľu, zeler, štipku soli a bazalku. Panvicu prikryte a varte na strednom ohni, kým sa zmes neroztopí. Odkryte a varte za občasného miešania 20 minút alebo kým omáčka nezhustne.

2. Necháme mierne vychladnúť. Omáčku pretlačte cez sekáč alebo pyré v kuchynskom robote alebo mixéri. Jemne prehrejeme a ochutíme korením. Pridajte olej. Podávajte horúce. Môže sa pripraviť vopred a uskladniť vo vzduchotesnej nádobe v chladničke až 5 dní alebo v mrazničke až 2 mesiace.

Paradajková omáčka na sicílsky spôsob

Salsa di Pomodoro alla Siciliana

Urobí asi 3 šálky

Videl som Annu Tascu Lanzu, ktorá vedie školu varenia vo vinárstve Regaleali svojej rodiny na Sicílii, robiť paradajkovú omáčku týmto spôsobom. Všetko ide do hrnca, a keď sa to dostatočne uvarí, omáčka sa pretlačí v sekačke, aby sa odstránili semená paradajok. Maslo a olivový olej, pridané na konci varenia, omáčku obohatia a osladia. Podávame so zemiakovými gnocchi alebo čerstvým fettuccine.

3 libry zrelých paradajok

1 stredná cibuľa, nakrájaná na tenké plátky

1 strúčik cesnaku nakrájaný nadrobno

2 lyžice nasekanej čerstvej bazalky

Štipka mletej červenej papriky

1 1/4 šálky olivového oleja

1 lyžica nesoleného masla

1. Ak na pyré paradajky používate krájač, pozdĺžne ich rozčtvrťte a prejdite na krok 2. Ak používate kuchynský robot alebo mixér, paradajky najskôr ošúpte: Priveďte do varu stredný hrniec s vodou. Pridajte paradajky po niekoľkých a varte 1 minútu. Pomocou dierovanej lyžice ich vyberte a vložte do misky so studenou vodou. Opakujte so zvyšnými paradajkami. Paradajky ošúpeme, zbavíme semienok a semien.

2. Vo veľkom hrnci zmiešajte paradajky, cibuľu, cesnak, bazalku a drvenú červenú papriku. Prikryjeme a privedieme do varu. Dusíme 20 minút alebo kým cibuľa nezmäkne. Necháme mierne vychladnúť.

3. Nechajte zmes prejsť mlynčekom na potraviny, ak ho používate, alebo premiešajte v mixéri alebo kuchynskom robote. Pyré vrátime do hrnca. Pridajte bazalku, červenú papriku a soľ podľa chuti.

4. Tesne pred podávaním omáčku prehrejte. Odstráňte z tepla a pridajte olivový olej a maslo. Podávajte horúce. Môže sa pripraviť vopred a uskladniť vo vzduchotesnej nádobe v chladničke až 5 dní alebo v mrazničke až 2 mesiace.

Toskánska paradajková omáčka

Salsa di Pomodoro alla Toscana

Pripraví 3 šálky

Soffritto je zmes nasekanej aromatickej zeleniny, zvyčajne cibule, mrkvy a zeleru, uvarená na masle alebo oleji, kým nezmäkne a jemne nezhnedne. Je chuťovým základom mnohých omáčok, polievok a dusených pokrmov a je základnou technikou talianskej kuchyne. Mnoho talianskych kuchárov dáva všetky ingrediencie na soffritto na studenú panvicu a potom zapne oheň. Takto sa všetky suroviny uvaria domäkka a nič nezhnedne ani sa neprepečie. Pri alternatívnom spôsobe najskôr zohriať olej a potom pridať nasekané suroviny, hrozí prehriatie oleja. Zelenina môže zhnednúť a môže byť prepečená a horká.

4 polievkové lyžice olivového oleja

1 stredná cibuľa, jemne nakrájaná

1 1/2 šálky nakrájanej mrkvy

1 1/4 šálky nasekaného zeleru

1 malý strúčik cesnaku, mletý

3 libry čerstvých zrelých slivkových paradajok, olúpaných, zbavených semienok a nasekaných najemno, alebo 1 (28 uncí) dovezených olúpaných slivkových paradajok so šťavou, pretlačených v mlynčeku na potraviny

1 1/2 šálky kuracieho vývaru

Štipka mletej červenej papriky

Soľ

2 alebo 3 lístky bazalky, nasekané

1. Nalejte olej do stredného hrnca. Pridajte cibuľu, mrkvu, zeler a cesnak. Varte na strednom ohni za občasného miešania, kým zelenina nie je mäkká a zlatá, asi 15 minút.

2. Pridajte paradajky, vývar, červenú papriku a soľ podľa chuti. Priviesť do varu. Panvicu čiastočne zakryte a za občasného miešania dusíme do zhustnutia, asi 30 minút.

3. Pridajte bazalku. Podávajte horúce. Môže sa pripraviť vopred a uskladniť vo vzduchotesnej nádobe v chladničke až 5 dní alebo v mrazničke až 2 mesiace.

pizza omáčka

pizza omáčka

Robí asi 2 1/2 šálky

Neapolčania používajú túto chutnú omáčku na varenie malých steakov alebo kotletiek (pozri Mäso), alebo podávajte na špagetách. Vo všeobecnosti sa však na pizzu nepoužíva, pretože extrémne teplo neapolských pecí na pizzu na drevo by prevarilo už uvarenú omáčku. Svoj názov dostal podľa paradajok, cesnaku a oregana, rovnakých ingrediencií, ktoré výrobca pizze zvyčajne používa na pizzu.

Cesnak nasekajte najemno, aby v omáčke nezostali veľké kúsky.

2 veľké strúčiky cesnaku nakrájané nadrobno

1 1/4 šálky olivového oleja

Štipka mletej červenej papriky

1 plechovka (28 uncí) dovezené talianske lúpané paradajky so šťavou, nasekané

1 lyžička sušeného oregana, rozdrveného

Soľ

1. Vo veľkej panvici opečte cesnak na oleji na strednom ohni dozlatista, asi 2 minúty. Pridáme mletú červenú papriku.

2. Pridajte paradajky, oregano a soľ podľa chuti. Omáčku privedieme do varu. Varte za občasného miešania 20 minút alebo kým omáčka nezhustne. Podávajte horúce. Môže sa pripraviť vopred a uskladniť vo vzduchotesnej nádobe v chladničke až 5 dní alebo v mrazničke až 2 mesiace.

"Falošná" mäsová omáčka

Sugo Finto

Urobí asi 6 šálok

Sugo finto znamená „falošná omáčka", zvláštny názov pre takú lahodnú a užitočnú omáčku, ktorá sa podľa môjho priateľa Larsa Leichta často používa v strednom Taliansku. Tento recept pochádza od jej tety, ktorá žije mimo Ríma. Je taká plná chuti, že by ste sa mohli oklamať, keď si myslíte, že obsahuje mäso. Omáčka je ideálna pre chvíle, keď chcete niečo zložitejšie ako jednoduchú paradajkovú omáčku, ale nechcete do nej pridávať žiadne mäso. Tento recept ide veľmi ďaleko, ale ak chcete, môžete ho ľahko rozrezať na polovicu.

1 1/4 šálky olivového oleja

1 stredne žltá cibuľa, nakrájaná nadrobno

2 malé mrkvy, olúpané a jemne nakrájané

2 strúčiky cesnaku nakrájané nadrobno

4 nasekané lístky čerstvej bazalky

1 malá sušená červená paprika, drvená alebo štipka drvenej červenej papriky

1 šálka suchého bieleho vína

2 plechovky (každá 28-35 uncí) dovezené slivkové paradajky so šťavou alebo 6 libier čerstvých slivkových paradajok, olúpané, zbavené semienok a nakrájané na kocky

1. Vo veľkom hrnci zmiešajte olej, cibuľu, mrkvu, cesnak, bazalku a čili. Varte na strednom ohni za občasného miešania, kým zelenina nie je mäkká a zlatá, asi 10 minút.

2. Pridajte víno a priveďte do varu. Varte 1 minútu.

3. Paradajky pretlačte cez sekačku na panvici alebo ich rozmixujte na pyré v mixéri alebo kuchynskom robote. Priveďte do varu a znížte teplotu. Dochutíme soľou. Varte za občasného miešania 30 minút alebo kým omáčka nezhustne. Podávajte horúce. Môže sa pripraviť vopred a uskladniť vo vzduchotesnej nádobe v chladničke až 5 dní alebo v mrazničke až 2 mesiace.

ružová omáčka

Omáčka di Pomodoro alla Panna

Urobí asi 3 šálky

Hustá smotana zjemňuje túto krásnu ružovú omáčku. Podávame so zelenými raviolami alebo gnocchi.

1 1/4 šálky nesoleného masla

1 1/4 šálky nakrájanej čerstvej šalotky

3 libry čerstvých paradajok, olúpaných, zbavených semienok a nakrájaných na kocky, alebo 1 (28 oz) dovezených slivkových paradajok so šťavou

Soľ a čerstvo mleté čierne korenie

1 1/2 šálky hustej smotany

1. Vo veľkom hrnci rozpustite maslo na miernom ohni. Pridajte šalotku a varte do zlatohneda, asi 3 minúty. Pridajte paradajky, soľ a korenie a za stáleho miešania varte, kým sa omáčka neroztopí. Ak používate paradajky z konzervy, nakrájajte ich

lyžičkou. Varte za občasného miešania, kým omáčka mierne nezhustne, asi 20 minút. Necháme mierne vychladnúť.

2. Paradajkovú zmes pretlačte cez mlynček na zemiaky. Vráťte omáčku do hrnca a zohrejte na strednom ohni. Pridajte smotanu a varte 1 minútu alebo do mierneho zhustnutia. Podávajte horúce.

Cibuľová paradajková omáčka

Pomodoro Salsa s Cipollou

Vytvára 2 1/2 šálky

Prírodný cukor z cibule dopĺňa sladkosť masla v tejto omáčke. Táto omáčka je tiež dobre pripravená so šalotkou namiesto cibule.

3 lyžice nesoleného masla

1 lyžica olivového oleja

1 malá cibuľa, veľmi jemne nakrájaná

3 libry slivkových paradajok, ošúpaných, zbavených semienok a nakrájaných na kocky, alebo 1 (28 uncí) dovezených lúpaných slivkových paradajok so šťavou, dajte cez mlynček na potraviny

Soľ a čerstvo mleté čierne korenie podľa chuti.

1. V stredne ťažkom hrnci rozpustite maslo s olejom na strednom ohni. Pridajte cibuľu a varte, premiešajte raz alebo dvakrát, kým cibuľa nie je mäkká a zlatá, asi 7 minút.

2. Pridajte paradajky a soľ a korenie. Omáčku priveďte do varu a varte 20 minút alebo do zhustnutia.

Omáčka z pečených paradajok

Salsa Pomodoro Arrostito

Vystačí na 1 libru cestovín

Týmto spôsobom sa dajú variť aj menej ako dokonalé čerstvé paradajky. Môžete použiť jednu odrodu paradajok alebo niekoľko druhov. Obzvlášť pekná je kombinácia červených a žltých paradajok. Bazalka alebo petržlen sú jasnou voľbou pre bylinky, ale môžete použiť aj zmes, ktorá obsahuje pažítku, rozmarín, mätu alebo čokoľvek iné, čo máte po ruke.

Rád ugrilujem vopred a potom hodím omáčku izbovej teploty do horúcich cestovín, ako sú penne alebo fusilli. Moja priateľka Suzie O'Rourke mi hovorí, že jej obľúbený spôsob podávania je ako predjedlo natreté na plátkoch opečeného talianskeho chleba.

2 1/2 libier okrúhlych, slivkových, cherry alebo hroznových paradajok

4 strúčiky cesnaku nakrájané nadrobno

Soľ

Štipka mletej červenej papriky

1 1/2 šálky olivového oleja

¹1/2 šálky nasekanej bazalky, petržlenu alebo iných čerstvých byliniek

1. Umiestnite stojan do stredu rúry. Predhrejte rúru na 400 ° F. Namažte 13 × 9 × 2 palcový nereaktívny pekáč.

2. Okrúhle alebo slivkové paradajky nahrubo nakrájajte na 1/2-palcové kúsky. Cherry alebo hroznové paradajky nakrájajte na polovice alebo štvrtiny.

3. Rozložte paradajky do misky. Posypeme cesnakom, soľou a drvenou červenou paprikou. Pokvapkáme olejom a jemne premiešame.

4. Restujeme 30 až 45 minút alebo kým paradajky jemne nezhnednú. Vyberte paradajky z rúry a pridajte bylinky. Podávajte teplé alebo pri izbovej teplote.

Guláš v štýle Abruzzo

Ragu Abruzzese

Vyrobí asi 7 šálok

Zelenina v tomto ragú sa nechá vcelku a časť mäsa sa uvarí s kosťou. Na konci doby varenia sa zelenina a voľné kosti odstránia. Zvyčajne sa mäso vyberie z omáčky a podáva sa ako druhý chod. Podávajte túto omáčku s hustými tvarmi cestovín ako rigatoni.

3 polievkové lyžice olivového oleja

1 libra bravčového pliecka s kosťami, nakrájaná na 2-palcové kúsky

1 libra jahňacieho krku alebo pleca s kosťou, nakrájaná na 2-palcové kúsky

1 libra vykosteného hovädzieho duseného mäsa, nakrájaného na 1-palcové kúsky

1 1/2 šálky suchého červeného vína

2 polievkové lyžice paradajkovej pasty

4 libry čerstvých paradajok, ošúpaných, zbavených semienok a nakrájaných na kocky, alebo 2 konzervy (28 uncí) dovezených slivkových paradajok so šťavou, dajte cez mlynček na zeleninu

2 šálky vody

Soľ a čerstvo mleté čierne korenie

1 stredná cibuľa

1 plátok zeleru

1 stredná mrkva

1. Vo veľkom ťažkom hrnci zohrejte olej na strednom ohni. Pridajte mäso a za občasného miešania varte, kým jemne nezhnedne.

2. Pridajte víno a varte, kým sa väčšina tekutiny neodparí. Pridajte paradajkovú pastu. Pridajte paradajky, vodu, soľ a korenie podľa chuti.

3. Pridajte zeleninu a priveďte do varu. Hrniec prikryjeme a varíme za občasného miešania, kým mäso nie je veľmi mäkké, asi 3 hodiny. Ak sa vám omáčka zdá tekutá, odkryte a varte, kým sa mierne nezredukuje.

4. Necháme vychladnúť. Odstráňte kosti a voľnú zeleninu.

5. Pred podávaním zohrejte alebo prikryte a skladujte v chladničke maximálne 3 dni alebo v mrazničke až 3 mesiace.

neapolský guláš

Ragu alla Neapolian

Urobí asi 8 šálok

Toto báječné ragú, vyrobené z rôznych kusov hovädzieho a bravčového mäsa, je to, čo mnohí Taliani-Američania nazývajú „omáčka", ktorá sa pripravuje na nedeľný obed alebo večeru na poludnie. Je ideálny na miešanie so značnými tvarmi cestovín, ako sú mušle alebo rigatoni, a na použitie do varených cestovín, ako sú napr.<u>Neapolské lasagne</u>.

Mäsové guľky sa pridávajú do omáčky na konci času varenia, takže ich môžete pripraviť, kým sa omáčka dusí.

2 lyžice olivového oleja

1 libra mäsitých kostí alebo rebier z bravčovej krkovičky

1 libra hovädzieho mäsa v jednom kuse

1 libra bravčovej alebo feniklovej klobásy na taliansky spôsob

4 strúčiky cesnaku, ľahko rozdrvené

1 1/4 šálky paradajkovej pasty

3 plechovky (28 až 35 uncí) dovezené slivkové slivkové paradajky

Soľ a čerstvo mleté čierne korenie podľa chuti.

6 lístkov čerstvej bazalky, nakrájaných na malé kúsky

1 receptNeapolské mäsové guľky, najväčšia veľkosť

2 šálky vody

1. Vo veľkom ťažkom hrnci zohrejte olej na strednom ohni. Osušte bravčové mäso a vložte kúsky do hrnca. Varte za občasného otáčania asi 15 minút alebo do zlatista zo všetkých strán. Odstráňte bravčové mäso na tanier. Rovnakým spôsobom opražte mäso a vyberte ho z rajnice.

2. Vložte klobásy do hrnca a opečte ich zo všetkých strán. Údeniny oddeľte od ostatného mäsa.

3. Vypustite väčšinu tuku. Pridajte cesnak a varte 2 minúty alebo dozlatista. Cesnak vyhoďte. Pridajte paradajkovú pastu; varíme 1 minútu.

4. Pomocou sekača roztlačte paradajky a ich šťavu v hrnci. Alebo pre hustejšiu omáčku jednoducho nakrájajte paradajky na kocky. Pridajte 2 šálky vody a dochuťte soľou a korením. Pridajte bravčové mäso, hovädzie mäso, klobásu a bazalku.

Omáčku privedieme do varu. Panvicu čiastočne zakryte a varte na miernom ohni za občasného miešania 2 hodiny. Ak je omáčka príliš hustá, pridajte ešte trochu vody.

5. Medzitým si pripravíme mäsové guľky. Keď je omáčka takmer hotová, pridajte do omáčky mäsové guľky. Varte 30 minút alebo kým omáčka nezhustne a mäso nebude veľmi mäkké. Vyberte mäso z omáčky a podávajte ako druhý chod alebo samostatné jedlo. Omáčku podávajte horúcu. Zakryte a uchovávajte vo vzduchotesnej nádobe v chladničke maximálne 3 dni alebo v mrazničke až 2 mesiace.

klobásový guláš

Ragu di Salsiccia

Vytvára 4 1/2 šálok

Túto juhotaliansku omáčku dopĺňajú malé kúsky bravčového mäsa na taliansky spôsob. Ak máte radi pikantné, použite horúcu klobásu. Podávajte túto omáčku<u>zemiakové tortelli</u>alebo husté cestoviny, ako sú mušle alebo rigatoni.

1 libra obyčajnej talianskej bravčovej klobásy

2 lyžice olivového oleja

2 strúčiky cesnaku nakrájané nadrobno

1 1/2 šálky suchého bieleho vína

3 libry čerstvých slivkových paradajok, olúpaných, zbavených semienok a nakrájaných na kocky, alebo 1 (28 uncí) dovezených lúpaných slivkových paradajok so šťavou, dajte cez mlynček na potraviny

Soľ a čerstvo mleté čierne korenie

3 až 4 lístky čerstvej bazalky, natrhané na kúsky

1.Vyberte klobásu z čriev ok. Mäso nakrájame nadrobno.

2.Vo veľkom hrnci zohrejte olej na strednom ohni. Pridajte mäso chorizo a cesnak. Varte za častého miešania, kým bravčové mäso jemne nezhnedne, asi 10 minút. Pridajte víno a priveďte do varu. Varíme, kým sa väčšina vína neodparí.

3.Pridajte paradajky a soľ podľa chuti. Priviesť do varu. Znížte teplo na minimum. Varte za občasného miešania, kým omáčka nezhustne, asi 1½ hodiny. Bazalku pridajte až tesne pred podávaním. Podávajte horúce. Môže sa pripraviť vopred a uskladniť vo vzduchotesnej nádobe v chladničke až 3 dni alebo v mrazničke až 2 mesiace.

Ragu v štýle krokov

Ragu di Carne alla Marchigiana

Urobí asi 5 šálok

V meste Campofilone v centre talianskych Marches sa každoročne koná festival cestovín, ktorý láka návštevníkov z celého sveta. Vrcholom banketu sú maccheroncini, ručne rolované vaječné cestoviny podávané s touto pikantnou mäsovou omáčkou. Zmes bylín a klinčekový nádych dodávajú tomuto ragú zvláštnu chuť. Trochu mlieka pridané na konci varenia dáva krémový záver. Ak túto omáčku pripravujete vopred, mlieko pridajte až tesne pred podávaním. Podávame s fettuccine.

1 domáci pohárMäsová šťavaalebo hovädzí vývar z obchodu

$1$1/4 šálky olivového oleja

1 malá cibuľa nakrájaná nadrobno

1 zelerové rebro, nakrájané

1 nakrájanú mrkvu

1 lyžica nasekanej čerstvej petržlenovej vňate

2 lyžičky nasekaného čerstvého rozmarínu

1 lyžička nasekaného čerstvého tymiánu

1 bobkový list

1 libra vykosteného ribeye, nakrájaného na 2-palcové kúsky

1 plechovka (28 uncí) dovezených slivkových paradajok, scedených a pretlačených cez mlynček na zeleninu

Štipka mletých klinčekov

Soľ a čerstvo mleté čierne korenie

1 1/2 šálky mlieka

1. V prípade potreby pripravte vývar. Nalejte olej do veľkého hrnca. Pridajte zeleninu a bylinky a za občasného miešania varte na miernom ohni 15 minút alebo kým zelenina nezmäkne a nezozlatne.

2. Pridáme mäso a za častého miešania varíme, kým mäso nezhnedne. Posypte soľou a korením. Pridajte paradajkový pretlak, vývar a klinčeky. Priviesť do varu. Čiastočne zakryte panvicu a varte za občasného miešania, kým mäso nie je mäkké a omáčka hustá, asi 2 hodiny.

3. Mäso vyberieme, scedíme a nakrájame nadrobno. Mleté mäso vrátime do omáčky.

4. Pred podávaním pridajte mlieko a zohrievajte 5 minút. Podávajte horúce. Môže sa pripraviť vopred a uskladniť vo vzduchotesnej nádobe v chladničke až 3 dni alebo v mrazničke až 2 mesiace.

toskánska mäsová omáčka

Ragu alla Toscana

Pripraví 8 šálok

Korenie a citrónová kôra dodávajú tomuto hovädziemu a bravčovému gulášu sladkú chuť. podávajte spici.

4 lyžice nesoleného masla

1 1/4 šálky olivového oleja

4 unce dovezeného talianskeho prosciutta, nasekané

2 stredné mrkvy

2 stredné červené cibule

1 veľké zelerové rebro, nasekané

1 1/4 šálky nasekanej čerstvej petržlenovej vňate

1 libra vykosteného ribeye, nakrájaného na 2-palcové kúsky

8 uncí jemnej talianskej klobásy alebo mletého bravčového mäsa

2 libry čerstvých paradajok alebo 1 (28 uncí) dovezených slivkových paradajok, nasekaných

2 domáce poháreMäsová šťavaalebo hovädzí vývar z obchodu

1 1/2 šálky suchého červeného vína

1 1/2 lyžičky citrónovej kôry

štipka škorice

Štipka muškátového orieška

Soľ a čerstvo mleté čierne korenie podľa chuti.

1. Vo veľkom hrnci rozpustite maslo s olivovým olejom na strednom ohni. Pridajte prosciutto a nakrájanú zeleninu a za častého miešania varte 15 minút.

2. Pridajte mäso a varte za častého miešania, kým nezhnedne, asi 20 minút.

3. Pridajte paradajky, vývar, víno, citrónovú kôru, škoricu, muškátový oriešok, soľ a korenie podľa chuti. Zmes priveďte do varu. Varíme za občasného miešania, kým omáčka nezhustne, asi 2 hodiny.

4. Vyberte kúsky mäsa z kastróla. Položte ich na reznú dosku a nakrájajte na malé kúsky. Do omáčky pridáme mleté mäso. Podávajte horúce. Môže sa pripraviť vopred a uskladniť vo vzduchotesnej nádobe v chladničke až 3 dni alebo v mrazničke až 2 mesiace.

Dusené mäso v Bologni

bolonský guláš

Urobí asi 5 šálok

V Tamburini, najlepšom obchode s gurmánskymi jedlami v Bologni a so sebou, si môžete kúpiť veľa druhov čerstvých vaječných cestovín. Najznámejšie sú tortellini, kolieska cestovín vo veľkosti niklu plnené mortadelou, jemne korenenou bravčovou klobásou. Tortellini sa podávajú en brodo, „caldo", alla panna, v hustej smotanovej omáčke, alebo ešte lepšie, al ragù, s bohatou mäsovou omáčkou. Pomalé a dlhodobé varenie soffritta (aromatická zelenina a pancetta) dáva bolonskému ragú hlbokú a bohatú chuť.

2 domáce poháreMäsová šťavaalebo hovädzí vývar z obchodu

2 lyžice nesoleného masla

2 lyžice olivového oleja

2 unce jemne nasekanej slaniny

2 malé mrkvy, olúpané a jemne nakrájané

1 nadrobno nakrájanú cibuľu

1 detské zelerové rebro, nakrájané nadrobno

8 uncí mletého hovädzieho mäsa

8 uncí mletého bravčového mäsa

8 uncí mletého hovädzieho mäsa

1 1/2 šálky suchého červeného vína

3 polievkové lyžice paradajkovej pasty

1/4 lyžičky strúhaného muškátového oriešku

Soľ a čerstvo mleté čierne korenie

1 šálka mlieka

1. V prípade potreby pripravte vývar. Vo veľkom hrnci rozpustite maslo s olejom na miernom ohni. Pridáme slaninu, mrkvu, cibuľu a zeler. Zmes varte na miernom ohni za občasného miešania, kým nie sú všetky chute veľmi jemné a sýto zlatistej farby, asi 30 minút. Ak suroviny začnú príliš hnednúť, pridajte trochu teplej vody.

2. Pridajte mäso a dobre premiešajte. Varte za častého miešania, aby sa rozbili hrudky, kým mäso už nie je ružové, ale nie hnedé, asi 15 minút.

3. Pridáme víno a dusíme, kým sa tekutina neodparí, asi 2 minúty. Pridajte paradajkový pretlak, vývar, muškátový oriešok a soľ a korenie podľa chuti. Zmes priveďte do varu. Varte na miernom ohni za občasného miešania, kým omáčka nezhustne, asi 2 1/2 až 3 hodiny. Ak je omáčka príliš hustá, pridajte ešte trochu vývaru alebo vody.

4. Pridajte mlieko a varte ďalších 15 minút. Podávajte horúce. Môže sa pripraviť vopred a uskladniť vo vzduchotesnej nádobe v chladničke až 3 dni alebo v mrazničke až 2 mesiace.

kačací guláš

Ragu di Anatra

Urobí asi 5 šálok

V lagúnach a močiaroch Benátska sa darí divým kačkám a miestni kuchári s nimi pripravujú úžasné jedlá. Pražia sa, dusia alebo sa takto pripravujú v ragú. Bohatá, gamy omáčka sa konzumuje s bigoli, hustými celozrnnými špagetami pripravenými pomocou torchia, ručne zakrúteného lisu na cestoviny. Čerstvé domáce kačice, aj keď nie také chutné ako divá odroda, sú dobrou náhradou. Omáčku s fettuccine a kúskami kačice podávam ako druhý chod.

Požiadajte mäsiara, aby kačku nakrájal na štvrtiny, alebo to urobte sami nožnicami na hydinu alebo veľkým kuchárskym nožom. Ak by ste ho radšej nepoužívali, stačí vynechať pečeň.

1 káčatko (asi 5 1/2 libry)

2 lyžice olivového oleja

Soľ a čerstvo mleté čierne korenie podľa chuti.

2 unce nasekanej slaniny

2 stredné cibule, nakrájané

2 stredné mrkvy, nakrájané

2 zelerové rebrá, nakrájané

6 lístkov čerstvej šalvie

Štipka čerstvo nastrúhaného muškátového orieška

1 šálka suchého bieleho vína

2 1/2 šálky čerstvých paradajok olúpaných, zbavených semienok a nakrájaných na kocky

1. Kačicu opláchnite zvnútra aj zvonka a odstráňte tuk z dutiny. Nožnicami na hydinu nakrájame kačicu na 8 kusov. Najprv kačicu rozrežte pozdĺž chrbtice. Otvor kačicu ako knihu. Hrubým nožom rozrežte kačicu pozdĺžne na polovicu medzi dvoma stranami pŕs. Odrežte stehno od pŕs. Oddeľte nohu a stehno v kĺbe. Oddeľte krídlo a hrudník v kĺbe. Ak používate pečeň, nakrájajte ju na kocky a odložte.

2. Vo veľkej panvici s hrubým dnom zohrejte olej na strednom ohni. Kúsky kačice osušte papierovou utierkou. Pridajte kačacie kúsky a za občasného miešania varte, kým zo všetkých strán nezhnednú. Posypte soľou a korením. Vložte kačicu do misky. Odrežte všetko okrem 2 polievkových lyžíc tuku.

3. Pridajte pancettu, cibuľu, mrkvu, zeler a šalviu na panvicu. Varte 10 minút za občasného miešania, kým zelenina nezmäkne a nezozlatne. Pridajte víno a varte 1 minútu.

4. Kačku vrátime do hrnca a pridáme paradajky a vodu. Tekutinu priveďte do varu. Hrniec čiastočne prikryjeme a varíme za občasného miešania 2 hodiny, alebo kým kačica po prepichnutí vidličkou nezmäkne. Ak chcete, pridajte kačaciu pečeň foie gras. Odstráňte panvicu z ohňa. Necháme mierne vychladnúť, potom povrch odmastíme. Kúsky mäsa vyberte z omáčky pomocou štrbinovej lyžice a preneste ich do misky. Zakryte, aby zostali v teple.

5. Omáčku podávame s horúcim uvareným fettuccine, po ktorom nasleduje kačacie mäso ako druhý chod. Celé jedlo je možné uvariť až 2 dni vopred, skladovať vo vzduchotesnej nádobe a chladiť.

Králičie alebo kuracie guláš

Ragù di Coniglio alebo kura

Pripraví 3 šálky

Na veľkonočnú večeru sa u nás tradične začínalo cestovinami v králičom guláši. Pre tých v rodine, ktorí sa zdráhajú jesť králika, moja mama pripravila rovnakú omáčku s kuracím mäsom. Vzhľadom na sladkosť králičieho mäsa mi kurací guláš vždy pripadal oveľa chutnejší. Požiadajte mäsiara, aby vám vyrezal králika alebo kura.

1 malý králik alebo kura, nakrájaný na 8 kusov

2 lyžice olivového oleja

1 plechovka (28 uncí) dovezené talianske lúpané paradajky so šťavou, nasekané

1 stredná cibuľa, jemne nakrájaná

1 stredná mrkva, jemne nakrájaná

1 strúčik cesnaku nakrájaný nadrobno

1 1/2 šálky suchého bieleho vína

1 lyžička nasekaného čerstvého rozmarínu

Soľ a čerstvo mleté čierne korenie

1. Vo veľkej panvici zohrejte olej na strednom ohni. Králičie alebo kuracie kúsky osušíme a posypeme soľou a korením. Umiestnite ich na panvicu a dobre opečte zo všetkých strán, asi 20 minút.

2. Odstráňte kúsky na tanier. Nalejte všetok tuk z panvice okrem dvoch polievkových lyžíc.

3. Pridajte cibuľu, mrkvu, cesnak a rozmarín na panvicu. Varte za častého miešania, kým zelenina nezmäkne a nezhnedne. Pridajte víno a varte 1 minútu. Paradajky so šťavou prepasírujte cez sekačku alebo ich rozmixujte na pyré v mixéri alebo kuchynskom robote a pridajte do hrnca. Pridajte soľ a korenie podľa chuti. Znížte oheň na minimum a panvicu čiastočne zakryte. Varte na miernom ohni 15 minút, občas premiešajte.

4. Vráťte mäso na panvicu. Varte 20 minút za občasného miešania, kým mäso nezmäkne a ľahko sa stiahne alebo spadne z kosti. Kúsky mäsa vyberte z omáčky pomocou štrbinovej lyžice a preneste ich do misky. Zakryte, aby zostali v teple.

5. Omáčku podávajte na horúcom, varenom fettuccine, po ktorom nasleduje králik alebo kuracie mäso ako druhý chod. Môže sa pripraviť vopred a uskladniť vo vzduchotesnej nádobe v chladničke až 3 dni alebo v mrazničke až 2 mesiace.

Dusené hríby a mäso

Ragù di Munghi a Carne

Urobí asi 6 šálok

Hoci sa o veľkých bielych hľuzovkách z Piemontu popísalo veľa, hríby, ktoré Francúzi nazývajú cepes, sú veľkým pokladom regiónu. Po daždi sú husté hnedé klobúčiky hríbov nesené na krátkych krémovo bielych stonkách, čo im dodáva kyprý vzhľad. Jeho názov znamená malé prasiatka. Grilované alebo pražené s olivovým olejom a bylinkami, chuť húb je sladká a oriešková. Keďže čerstvé hríby sú k dispozícii iba na jar a na jeseň, kuchári v tejto oblasti sa po zvyšok roka spoliehajú na sušené hríby, ktoré dodajú omáčkam a duseným pokrmom bohatú, drevitú chuť.

Sušené hríby sa zvyčajne predávajú v priehľadných plastových alebo celofánových nádobách. Hľadajte veľké, celé plátky s minimom omrviniek a nečistôt na dne vrecka. Dátum „skončenia platnosti" musí byť kratší ako jeden rok. Chuť vybledne, keď huby starnú. Sušené hríby skladujte vo vzduchotesnej nádobe.

1 1/2 domácich pohárovMäsová šťavahalebo hovädzí vývar z obchodu

1 unca sušených hríbov

2 šálky vlažnej vody

2 lyžice olivového oleja

2 unce nasekanej slaniny

1 nakrájanú mrkvu

1 stredná nakrájaná cibuľa

1 zelerové rebro, nakrájané

1 strúčik cesnaku, veľmi jemne nasekaný

1 1/2 libry mletého hovädzieho mäsa

1 1/2 šálky suchého bieleho vína

Soľ a čerstvo mleté čierne korenie

1 šálka čerstvých alebo konzervovaných dovezených slivkových paradajok, nakrájaných

1/4 čajovej lyžičky čerstvo nastrúhaného muškátového oriešku

1. V prípade potreby pripravte vývar. V strednej miske namočte huby na 30 minút do vody. Odstráňte huby z namáčacej kvapaliny. Kvapalinu preceďte cez papierový kávový filter alebo

vlhkú gázu do čistej nádoby a odložte. Opláchnite huby pod tečúcou vodou, pričom osobitnú pozornosť venujte základni, kde sa zhromažďuje pôda. Huby nakrájame nadrobno.

2. Nalejte olej do veľkého hrnca. Pridáme slaninu a na miernom ohni opekáme asi 5 minút. Pridajte mrkvu, cibuľu, zeler a cesnak a za častého miešania varte, kým nezmäkne a nezozlatne, ešte asi 10 minút. Pridajte teľacie mäso a varte, kým jemne nezhnedne, za častého miešania, aby sa rozbili hrudky. Pridajte víno a varte 1 minútu. Dochutíme soľou a korením.

3. Pridajte paradajky, huby, muškátový oriešok a odloženú hubovú tekutinu. Priviesť do varu. Varte 1 hodinu alebo kým omáčka nezhustne. Podávajte horúce. Môže sa pripraviť vopred a uskladniť vo vzduchotesnej nádobe v chladničke až 3 dni alebo v mrazničke až 2 mesiace.

Bravčový guláš s čerstvými bylinkami

Ragu di Maiale

Pripraví 6 šálok

V Natale Liberale v Apúlii sme si s manželom dali tento guláš z mletého bravčového mäsa s trocoli, čerstvými špagetami nakrájanými na štvorčeky podobnými cestovinám alla chitarra z Abruzza. Vyrobila ho jeho mama Enza, ktorá mi ukázala, ako špeciálne ostrým dreveným valčekom krája pláty domácich vaječných rezancov. Ragù je dobré aj s čerstvým orecchiette alebo fettuccine.

Rozmanitosť bylín robí Enza ragú tak výnimočným. Počas varenia prehlbujú chuť omáčky. Ideálne sú čerstvé bylinky, ale dajú sa nahradiť mrazenými alebo sušenými, aj keď sa vyhýbam sušenej bazalke, ktorá je nepríjemná. Ak nemáte bazalku, nahraďte ju čerstvou petržlenovou vňaťou.

4 polievkové lyžice olivového oleja

1 stredná cibuľa, jemne nakrájaná

1 1/2 šálky nasekanej čerstvej bazalky alebo plochej petržlenovej vňate

¼ šálky nasekaných čerstvých lístkov mäty alebo 1 lyžička sušenej

1 ČL nasekanej čerstvej šalvie alebo 1 ČL sušenej

1 ČL nasekaného čerstvého rozmarínu alebo 1/2 ČL sušeného

1 1/2 lyžičky semien feniklu

1 libra mletého bravčového mäsa

Soľ a čerstvo mleté čierne korenie

1 1/2 šálky suchého červeného vína

1 plechovka (28 uncí) dovezené talianske lúpané paradajky so šťavou, nasekané

1. Do veľkého hrnca dáme olej, cibuľu, všetky bylinky a semienka feniklu a zohrejeme na stredný stupeň. Varte za občasného miešania, kým cibuľa nezmäkne a nezozlatne, asi 10 minút.

2. Pridajte bravčové mäso, potom dochuťte soľou a korením podľa chuti. Varte za častého miešania, aby sa rozbili hrudky, kým bravčové mäso už nie je ružové, asi 10 minút. Pridáme víno a 5 minút povaríme. Pridajte paradajky a varte 1 hodinu alebo kým omáčka nezhustne. Podávajte horúce. Môže sa pripraviť vopred

a uskladniť vo vzduchotesnej nádobe v chladničke až 3 dni alebo v mrazničke až 2 mesiace.

Mäsový guláš s hľuzovkou

Ragu Tartufato

Pripraví 5 šálok

V Umbrii sa čierne hľuzovky vypestované v regióne pridávajú do ragú na konci doby varenia. Dodávajú omáčke zvláštnu drevitú chuť.

Môžete vynechať hľuzovky alebo použiť hľuzovky v pohári, ktoré sú dostupné v špecializovaných predajniach. Ďalšou alternatívou je použiť trochu hľuzovkového oleja. Použite len malé množstvo, pretože chuť môže byť výrazná. Podávajte túto omáčku s čerstvým fettuccine. Omáčka je taká bohatá, že strúhaný syr nie je potrebný.

1 unca sušených hríbov

2 šálky horúcej vody

2 lyžice nesoleného masla

8 uncí mletého bravčového mäsa

8 uncí mletého hovädzieho mäsa

2 unce nakrájanej slaniny, jemne nakrájanej

1 zelerové rebro, prekrojené na polovicu

1 stredná mrkva, rozpolená

1 malá cibuľa, ošúpaná, ale ponechaná celá

2 stredné čerstvé paradajky, olúpané, zbavené semienok a nakrájané, alebo 1 šálka dovezených konzervovaných slivkových paradajok, scedených a nakrájaných

1 lyžica paradajkovej pasty

1 1/4 šálky hustej smotany

1 malá čierna hľuzovka, čerstvá alebo v tégliku, nakrájaná na tenké plátky alebo niekoľko kvapiek hľuzovkového oleja

Štipka čerstvo nastrúhaného muškátového orieška

1. Vložte ceps do misky s vodou. Nechajte 30 minút namočiť. Odstráňte huby z tekutiny. Tekutinu preceďte cez kávový filter alebo vlhkú gázu do čistej nádoby a odložte. Huby dobre umyte pod studenou vodou, pričom osobitnú pozornosť venujte spodnej časti stoniek, kde sa hromadí pôda. Huby nakrájame nadrobno.

2. Vo veľkom hrnci rozpustite maslo na strednom ohni. Pridajte mäso a varte, miešajte, aby sa rozbili hrudky, kým mäso už nie je ružové, ale nie hnedé. Mala by zostať hladká.

3. Pridajte víno a varte 1 minútu. Pridajte zeler, mrkvu, cibuľu a huby a 1 šálku ich tekutiny, paradajky a paradajkový pretlak a dobre premiešajte. Varte na veľmi miernom ohni 1 hodinu. Ak je omáčka príliš suchá, pridajte trochu tekutiny z húb.

4. Keď sa ragú varí 1 hodinu, vyberte zeler, mrkvu a cibuľu. Až do tohto bodu sa dá omáčka pripraviť vopred. Ochlaďte, potom skladujte vo vzduchotesnej nádobe a v chladničke maximálne 3 dni alebo skladujte v mrazničke až 2 mesiace. Pred pokračovaním zohrejte omáčku.

5. Tesne pred podávaním pridajte do chutney smotanu, hľuzovky a muškátový oriešok. Jemne premiešajte, ale nevarte, aby sa zachovala chuť hľuzovky. Podávajte horúce.

Maslo a šalviová omáčka

Somárska omáčka a šalvia

Vytvára 1/2 šálky

Je taká základná, že som váhal, či ju zaradiť, ale je to klasická omáčka na cestoviny z čerstvých vajec, najmä plnené cestoviny ako ravioli. Použite čerstvé maslo a hotové jedlo posypte čerstvo nastrúhaným syrom Parmigiano-Reggiano.

1 tyčinka nesoleného masla

6 listov šalvie

Soľ a čerstvo mleté čierne korenie

Parmigiano Reggiano

Na miernom ohni rozpustíme maslo so šalviou. Dusíme 1 minútu. Dochutíme soľou a korením. Podávame s horúcimi uvarenými cestovinami a ozdobíme syrom Parmigiano-Reggiano.

Variácia: Omáčka z hnedého masla: Maslo varte niekoľko minút, kým jemne nezhnedne. Zabudnite na šalvia. Omáčka z lieskových oriešok: Pridajte 1/4 šálky nasekaných opečených lieskových orechov do masla. Zabudnite na šalvia.

svätý olej

svätý olej

Vytvára 1 šálku

Taliani v Toskánsku, Abruzzách a iných častiach stredného Talianska nazývajú tento olej svätým, pretože sa používa na „pomazanie" mnohých polievok a cestovín, podobne ako sa svätý olej používa v niektorých sviatostiach. Tento olej nalejte do polievok alebo primiešajte do cestovín. Pozor, je horúco!

Môžete použiť sušené chilli papričky, ktoré nájdete v supermarkete. Ak ste na talianskom trhu, hľadajte feferónky alebo „pálivé papričky", ktoré sa predávajú v paketoch.

1 polievková lyžica drvených sušených čili paprík alebo drvenej červenej papriky

1 šálka extra panenského olivového oleja

V malej sklenenej fľaštičke zmiešajte papriku a olej. Prikryte a dobre pretrepte. Pred použitím nechajte 1 týždeň odstáť. Skladujte na chladnom a tmavom mieste až 3 mesiace.

Syrová omáčka Fontina

roztopený

Vytvára 1 3/4 šálok

V Locanda di Felicin v Monforte d'Alba v Piemonte majiteľ Giorgio Rocca podáva túto bohatú a lahodnú omáčku v plytkých jedlách, doplnenú hoblinami hľuzoviek ako predjedlo alebo na zelenine, ako je brokolica alebo špargľa. Skús to<u>Zemiakové gnocchi,</u> Tiež.

2 veľké žĺtky

1 šálka hustej smotany

1 1/2 libry Fontina Valle d'Aosta, nakrájané na 1/2-palcové kocky

V menšom hrnci vyšľaháme žĺtky a smotanu. Pridajte syr a za stáleho miešania varte na strednom ohni, kým sa syr neroztopí a omáčka nie je hladká, asi 2 minúty. Podávajte horúce.

Bešamelová omáčka

Balsamelle omáčka

Robí asi 4 šálky

Táto základná biela omáčka sa zvyčajne kombinuje so syrom a používa sa na cestoviny alebo pečenú zeleninu. Recept sa dá kľudne rozpoliť.

1 liter mlieka

6 lyžíc nesoleného masla

5 lyžíc múky

Soľ a čerstvo mleté čierne korenie podľa chuti.

Štipka čerstvo nastrúhaného muškátového orieška

1. Zohrejte mlieko v strednom hrnci, kým sa okolo okrajov nevytvoria malé bublinky.

2. Maslo rozpustite vo veľkom hrnci na stredne nízkej teplote. Pridajte múku a dobre premiešajte. Varte 2 minúty.

3. Začnite pomaly tenkým prúdom pridávať mlieko a miešajte metličkou. Najprv bude omáčka hustá a hrudkovitá, ale postupne sa uvoľní a bude hladká, keď budete pridávať ďalšie.

4. Keď sa pridá všetko mlieko, pridajte soľ, korenie a muškátový oriešok. Zvýšte teplotu na strednú teplotu a neustále miešajte, kým sa zmes neroztopí. Varte ešte 2 minúty. Odstráňte z ohňa. Túto omáčku je možné pripraviť až 2 dni pred použitím. Nalejte do nádoby, položte kúsok plastového obalu priamo na povrch a pevne uzavrite, aby sa nevytvorila šupka, a potom dajte do chladničky. Pred použitím zohrejte na miernom ohni, ak je príliš hustý, pridajte trochu mlieka.

Cesnaková omáčka

agliata

Vytvára 1 1/2 šálok

Cesnakovú omáčku môžeme podávať k varenému alebo grilovanému mäsu, hydine alebo rybám. Na rýchle jedlo som ho dokonca zmiešala s horúcimi uvarenými cestovinami. Táto verzia je z Piemontu, aj keď agliatu bez orechov som si nechala vyrobiť aj na Sicílii. Páči sa mi chuť, ktorú tomu dodávajú pražené vlašské orechy.

2 strúčiky cesnaku

2 až 3 plátky talianskeho chleba bez kôrky

1 1/2 šálky pražených vlašských orechov

1 šálka extra panenského olivového oleja

Soľ a čerstvo mleté čierne korenie

1. V kuchynskom robote alebo mixéri zmiešajte cesnak, strúhanku, orechy, soľ a korenie podľa chuti. Spracujte, kým nie je nakrájaná nadrobno.

2. Pri bežiacom stroji postupne pridávajte olej. Spracovávame, kým omáčka nie je hustá a hladká.

3. Pred podávaním nechajte 1 hodinu postáť pri izbovej teplote.

Zelená omáčka

Zelená omáčka

Vytvára 1 1/2 šálok

Hoci som salsu verde v tej či onej forme jedol po celom Taliansku, táto verzia je moja obľúbená, pretože chlieb jej dodáva krémovú štruktúru a pomáha udržať petržlenovú vňať suspendovanú v tekutine. V opačnom prípade má petržlen a iné pevné látky tendenciu klesať na dno. Zelenú omáčku podávajte s klasickým vareným mäsom Bollito Misto (<u>Miešané varené mäso</u>), s grilovanými alebo pečenými rybami, alebo na krájaných paradajkách, varených vajciach alebo dusenej zelenine. Možnosti sú neobmedzené.

3 šálky voľne zabalenej čerstvej plochej petržlenovej vňate

1 strúčik cesnaku

1/4 šálky talianskeho alebo francúzskeho chleba bez kôrky, nakrájaný na kocky

6 filé zo sardel

3 lyžice scedených kapár

1 šálka extra panenského olivového oleja

2 lyžice červeného alebo bieleho vínneho octu

Soľ

1. V kuchynskom robote nadrobno nasekáme petržlenovú vňať a cesnak. Pridajte kocky chleba, ančovičky a kapary a miešajte, kým nie sú nakrájané na drobno.

2. Pri spustenom stroji pridajte olej, ocot a štipku soli. Po zmiešaní ochutnajte korenie; upravte podľa potreby. Zakryte a uložte pri izbovej teplote až na dve hodiny alebo v chladničke na dlhšie skladovanie.

Sicílska omáčka s cesnakom a kaparami

ammoghiu

Robí asi 2 šálky

Ostrov Pantelleria pri Sicílii je známy nielen pre svoje aromatické dezertné víno Moscato di Pantelleria, ale aj pre vynikajúce kapary. Kapary sa darí a voľne rastú po celom ostrove. Na jar sú rastliny pokryté krásnymi ružovými a bielymi kvetmi. Neotvorenými pukmi sú kapary, ktoré sa zbierajú a konzervujú v hrubej morskej soli, ďalšej miestnej špecialite. Sicílčania veria, že soľ zachová čerstvú chuť kapary lepšie ako ocot.

Táto surová omáčka vyrobená z kapary, paradajok a veľkého množstva cesnaku je obľúbenou sicílskou rybou alebo cestovinami. Jedným zo spôsobov podávania je s chrumkavou vyprážanou rybou alebo kalamármi.

8 olúpaných strúčikov cesnaku

1 šálka bazalkových listov, opláchnuté a vysušené

1 1/2 šálky čerstvej petržlenovej vňate

niekoľko listov zeleru

6 čerstvých slivkových paradajok, olúpaných a zbavených semienok

2 lyžice kapary, opláchnuté a scedené

1 1/2 šálky extra panenského olivového oleja

Soľ a čerstvo mleté čierne korenie

1. V kuchynskom robote nadrobno nakrájajte cesnak, bazalku, petržlenovú vňať a zelerové listy. Pridajte paradajky a kapary a rozmixujte do hladka.

2. Pri spustenom stroji postupne prilievajte olivový olej a dochuťte soľou a korením podľa chuti. Spracujte, kým nebude hladké a dobre premiešané. Pred podávaním nechajte 1 hodinu odpočívať. Podávajte pri izbovej teplote.

Omáčka z petržlenu a vajec

Salsa z Prezzemola a Uova

Pripraví 2 šálky

V Trentino-Alto Adige sa táto omáčka podáva s čerstvou jarnou špargľou. Vajíčka uvarené natvrdo mu dodávajú bohatú chuť a krémovú textúru. Hodí sa k pošírovanému kuraciemu mäsu, lososu alebo zelenine, ako sú zelené fazuľky a špargľa.

4 veľké vajcia

1 šálka čerstvej petržlenovej vňate, mierne zabalenej

2 lyžice kapary, opláchnuté, scedené a nasekané

1 strúčik cesnaku

1 lyžička citrónovej kôry

1 šálka extra panenského olivového oleja

1 polievková lyžica čerstvej citrónovej šťavy

Soľ a čerstvo mleté čierne korenie

1. Vajcia vložte do malého hrnca so studenou vodou, aby boli zakryté. Vodu priveďte do varu. Pečieme 12 minút. Vajcia ochlaďte pod tečúcou studenou vodou. Scedíme a ošúpeme. Nakrájajte vajcia a vložte ich do misky.

2. V kuchynskom robote alebo ručne veľmi jemne nakrájajte petržlenovú vňať, kapary a cesnak. Preložíme ich do misky s vajíčkami.

3. Pridajte citrónovú kôru. Pomocou metličky pridajte olej, citrónovú šťavu, soľ a korenie podľa chuti. Nalejte do loďky na omáčku. Prikryte a dajte do chladničky na 1 hodinu alebo cez noc.

4. Omáčku vyberte z chladničky aspoň 1/2 hodiny pred podávaním. Dobre premiešame a dochutíme korením.

Variácia: Pridajte 1 lyžicu nasekanej čerstvej pažítky.

Červená paprika a paradajková omáčka

bagnetto rosso

Robí asi 2 pinty

V Piemonte v severnom Taliansku sa táto omáčka vyrába vo veľkých množstvách počas letných mesiacov, keď je veľa zeleniny. Názov znamená „červený kúpeľ"', keďže omáčka sa používa k varenému mäsu alebo s kuracím mäsom, cestovinami, tortillami alebo surovou zeleninou.

4 veľké červené papriky, nakrájané

1 šálka ošúpaných čerstvých paradajok zbavených semienok a nasekaných

1 stredná nakrájaná cibuľa

2 lyžice olivového oleja

1 polievková lyžica vínneho octu

1 lyžička cukru

Štipka mletej červenej papriky

štipka mletej škorice

1. Vo veľkom hrnci zmiešame všetky ingrediencie. Hrniec prikryjeme a varíme na miernom ohni. Priviesť do varu. (Pozor, aby sa nepripálil. Ak je tekutiny málo, pridajte trochu vody). Varte 1 hodinu za občasného miešania, kým paprika nezmäkne.

2. Necháme mierne vychladnúť. Nechajte ingrediencie prejsť mlynčekom alebo rozmixujte do hladka v mixéri alebo kuchynskom robote. Rád korením. Preneste omáčku do tesne uzavretých nádob a nechajte ju v chladničke maximálne 1 týždeň alebo zmrazte až na tri mesiace. Podávajte pri izbovej teplote.

olivová omáčka

Olivová omáčka

Robí asi 1 šálku

Pastu z zaváraných olív je vhodné mať poruke na rýchly dresing na crostini alebo jednoduchú omáčku na grilované mäso. Môžu byť nahradené jemne nakrájanými olivami. Je úžasný na pečené hovädzie sviečkovej alebo ako omáčka na chlieb či focaccia.

1 1/2 šálky pasty z čiernych olív

1 strúčik cesnaku, olúpaný a splošteny bočnou stranou noža

1 polievková lyžica strúhaného čerstvého rozmarínu

1 1/2 šálky extra panenského olivového oleja

1 až 2 polievkové lyžice balzamikového octu

V strednej miske zmiešajte olivovú pastu, cesnak, rozmarín, olej a ocot. Ak je omáčka príliš hustá, rozriedime trochou oleja. Nechajte stáť pri izbovej teplote aspoň 1 hodinu. Pred podávaním odstráňte cesnak.

Sušená paradajková omáčka

Pomodori suchá omáčka

Robí asi 3/4 šálky

Touto omáčkou pokvapkáme studené steaky, pečené hovädzie alebo bravčové mäso alebo ako predjedlo polienko mäkkého kozieho syra.

1 1/2 šálky sušených paradajok, marinovaných a scedených, nakrájaných nadrobno

2 lyžice nasekanej čerstvej petržlenovej vňate

1 lyžica nasekaných kapár

1 1/2 šálky extra panenského olivového oleja

1 lyžica balzamikového octu

čerstvo mleté čierne korenie

V strednej miske zmiešajte všetky ingrediencie. Pred podávaním nechajte 1 hodinu odpočívať pri izbovej teplote. Podávajte pri izbovej teplote. Uchovávajte vo vzduchotesnej nádobe v chladničke maximálne 2 dni.

Papriková omáčka v štýle molise

Pepperoni omáčka

Robí asi 1 šálku

Molise je jedným z najmenších a najchudobnejších regiónov Talianska, no jedlo je plné chutí. Vyskúšajte túto feferónkovú omáčku, v dialekte nazývanú jevezarola, ako korenie na grilované alebo grilované mäso alebo kuracie mäso. Dokonca mám rád grilovaného tuniaka. môžete použiť svoje<u>Marinované papriky</u>alebo odroda z obchodu. Ak máte radi pikantné jedlá, pridajte nakladanú červenú papriku.

1 šálka nakladanej červenej papriky, scedená

1 stredná nakrájaná cibuľa

1 lyžica cukru

4 polievkové lyžice olivového oleja

1. Vložte papriku, cibuľu a cukor do kuchynského robota alebo mixéra. Miešajte do hladka. Pridajte olej a dobre premiešajte.

2. Nalejte zmes do malého hrnca s hrubým dnom. Varte za častého miešania, kým zmes nie je veľmi hustá, asi 45 minút. Odstráňte z tepla a nechajte vychladnúť pred podávaním. Podávajte pri izbovej teplote. Uchovávajte vo vzduchotesnej nádobe v chladničke po dobu až 1 mesiaca.

majonéza z olivového oleja

majonézsky

Vytvára 1 šálku

Domáca majonéza robí rozdiel, keď sa podáva obyčajná, napríklad natretá na zrelé paradajky, vajcia uvarené natvrdo, pošírované ryby, plátky kuracieho mäsa alebo sendviče. Aby som to urobil, rád používam extra panenský olivový olej s jemnou príchuťou alebo zmiešam olej s plnou príchuťou s rastlinným olejom. Majonézu pripravíme ručne metličkou alebo použijeme elektrický mixér.

Salmonela v surových vajciach sa v posledných rokoch výrazne znížila, ale ak máte nejaké pochybnosti, môžete si ju rozumne nahradiť tým, že majonézu v tégliku vylepšíte kvapkami olivového oleja a čerstvej citrónovej šťavy s chuťou.

2 veľké žĺtky pri izbovej teplote

2 lyžice čerstvej citrónovej šťavy

1 1/4 ČL soli

1 šálka extra panenského olivového oleja alebo 1/2 šálky rastlinného oleja plus 1/2 šálky extra panenského olivového oleja

1. V strednej miske vyšľaháme žĺtky, citrónovú šťavu a soľ do bledožltej a hustej hmoty.

2. Pokračujte v šľahaní, veľmi postupne po kvapkách pridávajte olej, kým zmes nezačne tuhnúť. Keď zhustne, rovnomernejšie vmiešajte zvyšný olej a pred pridaním ďalšieho sa uistite, že sa absorbuje. Ak sa olej v ktoromkoľvek bode prestane vstrebávať, prestaňte pridávať olej a rýchlo šľahajte, kým nebude omáčka opäť hladká.

3. Ochutnajte a upravte korenie. Ihneď podávajte alebo prikryte a nechajte v chladničke maximálne 2 dni.

Variácia: Bylinková majonéza: Pridajte 2 polievkové lyžice nadrobno nasekanej čerstvej bazalky alebo petržlenovej vňate. Citrónová majonéza: Pridajte 1/2 lyžičky nastrúhanej čerstvej citrónovej kôry.

Linguini s cesnakom, olejom a feferónkou

Linguine Aglio, Olio a Peperoncino

Vyrobí 4-6 porcií

Cesnak, ovocný extra panenský olivový olej, petržlenová vňať a chilli sú jednoduché korenie pre tieto najchutnejšie cestoviny. Nevyhnutný je aromatický olivový olej, rovnako ako čerstvý cesnak a petržlenová vňať. Cesnak varte pomaly, aby sa olej nasýtil svojou silnou chuťou. Nedovoľte, aby sa cesnak zafarbil viac ako do zlatista, inak zhorkne a chutí. Niektorí kuchári vynechávajú petržlenovú vňať, ale milujem sviežu chuť, ktorú dodáva.

1 1/2 šálky extra panenského olivového oleja

4 až 6 veľkých strúčikov cesnaku, nakrájaných na tenké plátky

1/2 lyžičky drvenej červenej papriky

1/3 šálky nasekanej čerstvej plochej petržlenovej vňate

Soľ

1 libra linguine alebo špagiet

1. Nalejte olej do dostatočne veľkej panvice, aby sa do nej zmestili uvarené cestoviny. Pridáme cesnak a drvenú červenú papriku. Varte na strednom ohni za častého miešania, kým cesnak nebude mať hlbokú zlatistú farbu, asi 4 až 5 minút. Pridajte petržlenovú vňať a vypnite oheň.

2. Priveďte do varu aspoň 4 litre studenej vody. Pridajte 2 polievkové lyžice soli, potom cestoviny a tlačte, kým nie sú úplne pokryté vodou. Varte na prudkom ohni za častého miešania, kým nie sú cestoviny al dente, jemné, ale pevné pri zahryznutí. Nechajte si časť vody na varenie. Cestoviny scedíme a pridáme na panvicu s omáčkou.

3. Varte na strednom ohni za stáleho miešania, kým nie sú cestoviny dobre pokryté omáčkou. Ak sa vám cestoviny zdajú suché, pridajte trochu vody na varenie. Ihneď podávajte.

Variácia: Pridajte čierne alebo zelené olivy, kapary alebo nasekané ančovičky s cesnakom. Podávame posypané opraženou strúhankou na olivovom oleji alebo strúhaným syrom.

Cesnakové a olivové špagety

Aglio a olivové špagety

Vyrobí 4-6 porcií

Táto rýchla omáčka na cestoviny môže byť vyrobená z olív, ktoré si nakrájate a nakrájate na kocky, ale vhodnejšia je pripravená olivová pasta. Keďže olivová pasta a olivy môžu byť slané, nepridávajte do tohto jedla strúhaný syr.

1 1/4 šálky olivového oleja

3 strúčiky cesnaku, nakrájané na tenké plátky

Štipka mletej červenej papriky

1/4 šálky pasty zo zelených olív alebo podľa chuti alebo 1 šálka vykôstkovaných a nasekaných zelených olív

2 lyžice nasekanej čerstvej petržlenovej vňate

Soľ

1 libra špagiet alebo linguine

1. Nalejte olej do dostatočne veľkej panvice, aby sa do nej zmestili uvarené cestoviny. Pridáme cesnak a drvenú červenú papriku. Varte na strednom ohni, kým cesnak nezíska sýto zlatistú farbu, asi 4 až 5 minút. Pridajte olivovú pastu alebo olivy a petržlenovú vňať a odstráňte panvicu z ohňa.

2. Vo veľkom hrnci priveďte do varu 4 litre vody. Pridajte 2 polievkové lyžice soli, potom cestoviny a jemne zatlačte, kým sa cestoviny úplne nepokryjú vodou. Varte na prudkom ohni za častého miešania, kým nie sú cestoviny al dente, jemné, ale pevné pri zahryznutí. Nechajte si časť vody na varenie. Cestoviny scedíme a pridáme na panvicu s omáčkou.

3. Varte na strednom ohni za stáleho miešania, kým nie sú cestoviny dobre pokryté omáčkou. Ak sa vám cestoviny zdajú suché, pridajte trochu horúcej vody. Ihneď podávajte.

Linguine s pestom

Linguini s pestom

Vyrobí 4-6 porcií

V Ligúrii sa pesto pripravuje roztĺkaním cesnaku a byliniek v mažiari, kým sa nevytvorí hustá pasta. Používa sa tu odroda bazalky miernej chuti s drobnými lístkami dlhými maximálne pol palca. Pesto, ktoré vyrába, je oveľa jemnejšie ako to, ktoré je vyrobené s bazalkou, ktorú máme v Spojených štátoch. Aby som sa priblížil chuti ligúrskeho pesta, pridám trochu plochej petržlenovej vňate. Petržlen si lepšie zachová farbu ako bazalka, ktorá má tendenciu pri sekaní stmavnúť, takže pesto zostane zamatovo zelené. Ak cestujete do Ligúrie a máte radi záhradkárčenie, kúpte si balíček malých semienok bazalky a vypestujte si ich vo svojej záhrade. Nie je zakázané vracať balené semená z Talianska.

1 šálka tesne zabalených listov bazalky, opláchnuté a vysušené

1/4 šálky tesne zabalenej čerstvej petržlenovej vňate, opláchnutej a vysušenej

2 lyžice blanšírovaných píniových orieškov alebo mandlí

1 strúčik cesnaku

Hrubá soľ

1/3 šálky extra panenského olivového oleja

1 libra linguínu

1/2 šálky čerstvo nastrúhaného Parmigiano-Reggiano

2 lyžice nesoleného masla, zmäknuté

1. V kuchynskom robote najemno nasekajte lístky bazalky a petržlenu s píniovými orieškami, cesnakom a štipkou soli. Postupne tenkým prúdom prilievame olivový olej a miešame do hladka. Rád korením.

2. Vo veľkom hrnci priveďte do varu 4 litre vody. Pridajte 2 polievkové lyžice soli, potom cestoviny a jemne zatlačte, kým sa cestoviny úplne nepokryjú vodou. Dobre premiešajte. Varte za častého miešania, kým nie sú cestoviny al dente, jemné, ale pevné pri zahryznutí. Nechajte si časť vody na varenie. Cestoviny sceďte.

3. Vložte cestoviny do veľkej misy, aby ste ich mohli podávať horúce. Pridajte pesto, syr a maslo. Dobre premiešajte a v prípade potreby pridajte trochu vody na varenie, aby ste pesto zriedili. Ihneď podávajte.

Jemné orechové špagety

Špagety s Noci

Vyrobí 4-6 porcií

Toto je neapolský recept, ktorý sa často konzumuje v piatok počas bezmäsitých jedál. Orechy musia byť pre túto omáčku na cestoviny nakrájané na veľmi tenké plátky, aby sa kúsky pri otáčaní prilepili na cestoviny. Nakrájajte ich nožom alebo použite kuchynský robot, ak chcete, ale nerobte z nich príliš pastu.

1 1/4 šálky olivového oleja

3 veľké strúčiky cesnaku, ľahko rozdrvené

1 šálka jemne nasekaných vlašských orechov

Soľ

1 libra špagiet, tenké linguine alebo rezance

1 1/2 šálky čerstvo nastrúhaného Pecorino Romano

čerstvo mleté čierne korenie

2 lyžice nasekanej čerstvej petržlenovej vňate

1.Nalejte olej do dostatočne veľkej panvice, aby sa do nej zmestili cestoviny. Pridajte cesnak a varte na strednom ohni, za občasného pretláčania cesnaku zadnou stranou lyžice dozlatista, asi 3 až 4 minúty. Odstráňte cesnak z panvice. Pridajte vlašské orechy a varte, kým nebudú jemne opečené, asi 5 minút.

2.Vo veľkom hrnci prevarte aspoň 4 litre vody. Pridajte 2 polievkové lyžice soli a potom cestoviny. Dobre premiešajte. Varte na prudkom ohni za častého miešania, kým nie sú cestoviny al dente, jemné, ale pevné pri zahryznutí. Cestoviny sceďte a nechajte si časť vody na varenie.

3.Cestoviny premiešajte s orechovou omáčkou a dostatočným množstvom vody na varenie, aby zostali vlhké. Pridajte syr a veľké množstvo čierneho korenia. Dobre premiešajte. Pridajte petržlenovú vňať a ihneď podávajte.

Linguine so sušenými paradajkami

Linguine s Pomodori Secchi

Vyrobí 4-6 porcií

Dóza marinovaných sušených paradajok v špajzi a nečakaní hostia inšpirovali toto rýchle cestovinové jedlo. Olej, v ktorom je balená väčšina nakladaných sušených paradajok, zvyčajne nie je najkvalitnejší, preto ho radšej scedím a do tejto ľahkej omáčky pridám vlastný extra panenský olivový olej.

1 pohár (asi 6 uncí) nakladaných sušených paradajok, scedených

1 malý strúčik cesnaku

1 1/4 šálky extra panenského olivového oleja

1 lyžica balzamikového octu

Soľ

1 libra linguínu

6 lístkov čerstvej bazalky, poukladaných a nakrájaných na tenké prúžky

1. V kuchynskom robote alebo mixéri kombinujte paradajky a cesnak a rozmixujte, kým nie sú nakrájané nadrobno. Pomaly pridajte olej a ocot a miešajte do hladka. Rád korením.

2. Vo veľkom hrnci prevarte aspoň 4 litre vody. Pridajte 2 polievkové lyžice soli, potom cestoviny a jemne zatlačte, kým sa cestoviny úplne nepokryjú vodou. Dobre premiešajte. Varte na prudkom ohni za častého miešania, kým nie sú cestoviny al dente, jemné, ale pevné pri zahryznutí. Nechajte si časť vody na varenie. Cestoviny sceďte.

3. Vo veľkej miske premiešajte cestoviny s paradajkovou omáčkou a čerstvou bazalkou, ak je to potrebné, pridajte trochu vody na varenie. Ihneď podávajte.

Variácia: Do cestovín a omáčky pridáme konzervu tuniaka obalenú v scedenom olivovom oleji. Alebo pridajte nakrájané čierne olivy alebo ančovičky.

Špagety s paprikou, pecorino a bazalkou

Pepperoni špagety

Vyrobí 4-6 porcií

Jesť špagety, linguini alebo iné dlhé cestoviny lyžičkou a vidličkou sa v Taliansku nepovažuje za zdvorilé, rovnako ako krájanie šnúrok na malé kúsky. Deti sa už od malička učia krútiť pár pramienkov cestovín okolo vidličky a zjesť ich čisto bez vysávania.

Podľa jedného príbehu bola na tento účel vynájdená trojramenná vidlica v polovici 19. storočia. Dovtedy sa cestoviny jedli vždy rukami a vidličky mali len dva hroty, pretože sa používali najmä na prepichovanie mäsa. Neapolský kráľ Ferdinand II. požiadal svojho komorníka Cesara Spadacciniho, aby vymyslel spôsob podávania dlhých cestovín na dvorných banketoch. Spadaccini prišiel s vidličkou s tromi hrotmi a zvyšok je história.

Čerstvé feferónky sú typické pre kalábrijskú kuchyňu. Tu sa kombinujú s paprikou a podávajú so špagetami. Strúhané pecorino je príjemným slaným protipólom k sladkosti papriky a bazalky.

1 1/4 šálky olivového oleja

4 veľké červené papriky nakrájané na tenké prúžky

1-2 malé čerstvé chilli papričky zbavené semienok a nakrájané alebo štipka drveného červeného chilli papričky

Soľ

2 strúčiky cesnaku, nakrájané na tenké plátky

12 lístkov čerstvej bazalky, nakrájaných na tenké prúžky

1/3 šálky čerstvo nastrúhaného syra Pecorino Romano

1 libra špagiet

1. Na panvici dostatočne veľkej, aby sa do nej zmestili uvarené cestoviny, zohrejte olej na strednom ohni. Pridáme papriku, čili a soľ. Varte za občasného miešania 10 minút.

2. Pridajte cesnak. Prikryte a varte ďalších 10 minút, alebo kým paprika nezmäkne. Odstavíme z ohňa a pridáme bazalku.

3. Vo veľkom hrnci prevarte aspoň 4 litre vody. Pridajte 2 polievkové lyžice soli, potom cestoviny a jemne zatlačte, kým sa cestoviny úplne nepokryjú vodou. Dobre premiešajte. Varte za častého miešania, kým nie sú špagety al dente, jemné, ale stále pevné pri zahryznutí. Nechajte si časť vody na varenie. Cestoviny scedíme a pridáme na panvicu s omáčkou.

4. Varte na strednom ohni za stáleho miešania 1 minútu. Dobre premiešajte, pridajte trochu vody na varenie. Pridajte syr a znova premiešajte. Ihneď podávajte.

Penne s cuketou, bazalkou a vajíčkami

Penne s cuketou a Uova

Vyrobí 4-6 porcií

Mýtus, že cestoviny „vynašiel" v Číne a do Talianska ich priniesol Marco Polo, pretrváva. Zatiaľ čo rezance možno jedli v Číne, keď Polo navštívil, cestoviny boli v Taliansku dobre známe dlho predtým, ako sa vrátil do Benátok v roku 1279. Archeológovia našli dizajny a kuchynské náčinie, ktoré sa podobajú moderným nástrojom na výrobu cestovín, ako je valček a rezne. koleso. , v etruskej hrobke zo 4. storočia pred Kristom. C., severne od Ríma. Legendu možno pravdepodobne vystopovať k hollywoodskemu zobrazeniu benátskeho prieskumníka vo filme z roku 1930 s Garym Cooperom v hlavnej úlohe.

V tomto neapolskom recepte teplo z cestovín a zeleniny uvarí vajcia, kým nie sú krémové a mierne zrazené.

4 stredné cukety (asi 1 1/4 libry), umyté

1/3 šálky olivového oleja

1 malá cibuľa nakrájaná nadrobno

Soľ a čerstvo mleté čierne korenie

3 veľké vajcia

1/2 šálky čerstvo nastrúhaného Pecorino Romano alebo Parmigiano-Reggiano

1 libra penne

1 1/2 šálky nasekanej čerstvej petržlenovej vňate alebo bazalky

1. Cuketu nakrájajte na tyčinky hrubé 1/4 palca a dlhé asi 1 1/2 palca. Utrite hrudky.

2. Nalejte olej do dostatočne veľkej panvice, aby sa do nej zmestili uvarené cestoviny. Pridajte cibuľu a za občasného miešania varte na miernom ohni, kým nezmäkne, asi 5 minút. Pridajte cuketu a varte za častého miešania, kým jemne nezhnedne, asi 10 minút. Dochutíme soľou a korením.

3. V strednej miske rozšľaháme vajcia so syrom a dochutíme soľou a korením podľa chuti.

4. Kým sa cuketa uvarí, vo veľkom hrnci privedieme do varu asi 4 litre vody. Pridajte 2 polievkové lyžice soli a cestoviny. Dobre premiešajte. Varte na prudkom ohni za častého miešania, kým

nie sú cestoviny al dente, jemné, ale pevné pri zahryznutí. Nechajte si časť vody na varenie. Cestoviny scedíme a pridáme na panvicu s omáčkou.

5.Cestoviny zmiešame s vaječnou zmesou. Pridajte bazalku a dobre premiešajte. Ak sa vám cestoviny zdajú suché, pridajte trochu vody na varenie. Výdatne okoreníme a ihneď podávame.

Cestoviny s hráškom a vajcom

Cestoviny Piselli

Vyrába 4 porcie

Moja mama často robila toto staromódne jedlo, keď som vyrastal. Použila konzervovaný hrášok, ale ja rada používam mrazený hrášok, pretože má sviežejšiu chuť a pevnejšiu štruktúru. Rozbiť špagety na malé kúsky sa môže zdať protichodné, ale je to kľúč k pôvodu tohto receptu. Keď boli ľudia chudobní a mali veľa úst na kŕmenie, prísady sa dali ľahko natiahnuť pridaním väčšieho množstva vody a pripraviť z nich polievku.

Toto je jedno z tých náhradných jedál, ktoré môžem urobiť kedykoľvek, pretože mi málokedy minie balíček hrášku v mrazničke, cestoviny v špajzi a pár vajec v chladničke. Keďže hrášok, vajíčka a cestoviny dosť zasýtia, zvyčajne si toto množstvo pripravím na 4 porcie. Pridajte celú libru cestovín, ak chcete 6-8 porcií.

1 1/4 šálky olivového oleja

1 veľká cibuľa, nakrájaná na tenké plátky

1 balenie (10 uncí) mrazený hrášok, čiastočne rozmrazený

Soľ a čerstvo mleté čierne korenie

2 veľké vajcia

1/2 šálky čerstvo nastrúhaného Parmigiano-Reggiano

1 1/2 libry špagiet alebo linguini, rozlámané na 2-palcové kúsky

1. Nalejte olej do dostatočne veľkej panvice, aby sa do nej zmestili cestoviny. Pridajte cibuľu a varte na miernom ohni za občasného miešania, kým cibuľa nie je mäkká a jemne hnedá, asi 12 minút. Pridajte hrášok a varte ešte asi 5 minút, kým hrášok nezmäkne. Dochutíme soľou a korením.

2. V strednej miske rozšľaháme vajcia so syrom a dochutíme soľou a korením podľa chuti.

3. Vo veľkom hrnci prevarte aspoň 4 litre vody. Pridajte 2 polievkové lyžice soli a potom cestoviny. Dobre premiešajte. Varte na silnom ohni za častého miešania, kým cestoviny nezmäknú, ale ľahko sa uvaria. Cestoviny sceďte a nechajte si časť vody na varenie.

4. Pridajte cestoviny na panvicu s hráškom. Pridáme vaječnú zmes a na miernom ohni za stáleho miešania varíme asi 2 minúty, kým

vajcia zľahka nestuhnú. Ak sa vám cestoviny zdajú suché, pridajte trochu vody na varenie. Ihneď podávajte.

Linguini so zelenými fazuľkami, paradajkami a bazalkou

Linguine s Fagiolini

Vyrobí 4-6 porcií

Ricotta salata je slaná, lisovaná forma ricotty. Ak ju nenájdete, nahraďte ju jemnou nesolenou fetou alebo čerstvou ricottou a strúhaným pecorinom. Tieto cestoviny sú typické pre Pugliu.

12 uncí zelenej fazuľky, nasekané

Soľ

1 1/4 šálky olivového oleja

1 strúčik cesnaku nakrájaný nadrobno

5 stredných paradajok, olúpaných, zbavených semienok a nakrájaných (asi 3 šálky)

čerstvo mleté čierne korenie

1 libra linguínu

1 1/2 šálky nasekanej čerstvej bazalky

1 šálka strúhanej ricotty, sladkej fety alebo čerstvého ricottového šalátu

1. Priveďte do varu asi 4 litre vody. Pridajte zelené fazuľky a soľ podľa chuti. Varte 5 minút alebo do chrumkava. Zelenú fazuľku vydlabte dierovanou lyžicou alebo sitkom, pričom si nechajte vodu. Utrite fazuľu. Nakrájajte fazuľa na 1 palcové kúsky.

2. Nalejte olej do dostatočne veľkej panvice, aby sa do nej zmestili uvarené cestoviny. Pridajte cesnak a varte na miernom ohni, kým jemne nezhnedne, asi 2 minúty.

3. Pridajte paradajky a soľ a korenie podľa chuti. Varíme za občasného miešania, kým paradajky nezhustnú a šťava sa neodparí. Pridajte fazuľu. Dusíme ešte 5 minút.

4. Medzitým priveďte hrniec s vodou späť do varu. Pridajte 2 polievkové lyžice soli, potom linguini a jemne ich zatlačte, kým nie sú cestoviny úplne pokryté vodou. Varte na prudkom ohni za častého miešania, kým nie sú cestoviny al dente, jemné, ale pevné pri zahryznutí. Nechajte si časť vody na varenie. Cestoviny scedíme a pridáme na panvicu s omáčkou.

5. Na panvici premiešajte linguine s omáčkou. Pridajte bazalku a syr a znova miešajte na strednom ohni, kým syr nie je krémový. Ihneď podávajte.

Uši so zemiakovým krémom a rukolou

Orecchiette so zemiakovým krémom

Vyrobí 4-6 porcií

Divoká rukola rastie po celej Puglii. Je chrumkavý, s úzkou čepeľou pripomínajúcou pílku a príťažlivou orieškovou príchuťou. Listy sa konzumujú surové a varené, často s cestovinami. Zemiaky sú škrobové, ale v Taliansku sa považujú len za ďalšiu zeleninu, takže nie je problém ich podávať s cestovinami, najmä v Puglii. Zemiaky sa uvaria do mäkka, potom sa rozdrvia s vodou na varenie do krémova.

2 stredne vriace zemiaky, asi 12 uncí

Soľ

1 1/4 šálky olivového oleja

1 strúčik cesnaku nakrájaný nadrobno

1 libra orecchiette alebo škrupín

2 zväzky rukoly (asi 8 uncí), pevné stonky odstránené, opláchnuté a odkvapkané

Soľ a čerstvo mleté čierne korenie

1. Zemiaky ošúpeme a vložíme do malého hrnca so soľou podľa chuti a studenou vodou na zakrytie. Priveďte vodu do varu a zemiaky varte do mäkka, keď ich prepichnete ostrým nožom, asi 20 minút. Zemiaky sceďte, vodu si nechajte.

2. Nalejte olej do stredného hrnca. Pridajte cesnak a varte na strednom ohni, kým cesnak nie je zlatý, asi 2 minúty. Odstráňte z ohňa. Pridajte zemiaky a dobre ich roztlačte pomocou drviča na zemiaky alebo vidličkou, pridajte asi hrnček odloženej vody, aby ste vytvorili jemný „krém". Dochutíme soľou a korením.

3. 4 litre vody priveďte do varu. Pridajte 2 polievkové lyžice soli a potom cestoviny. Dobre premiešajte. Varte na prudkom ohni za častého miešania, kým nie sú cestoviny al dente, jemné, ale pevné pri zahryznutí. Pridajte rukolu a raz premiešajte. Cestoviny a rukolu sceďte.

4. Cestoviny a rukolu vrátime do panvice a pridáme zemiakovú omáčku. Varte a miešajte na miernom ohni, v prípade potreby pridajte trochu zemiakovej vody. Ihneď podávajte.

Cestoviny a zemiaky

Cestoviny a zemiaky

Vyrába 6 porcií

Rovnako ako fazuľové alebo šošovicové cestoviny, aj cestoviny a zemiaky sú dobrým príkladom cucina povera, juhotalianskeho spôsobu, ako vziať niekoľko skromných ingrediencií a premeniť ich na chutné jedlá. Keď boli časy naozaj zlé a bolo veľa úst na kŕmenie, zvykom bolo pridávať extra vodu, zvyčajne zvyšky tekutiny z varenia zeleniny alebo varenia cestovín, keď sa tieto jedlá naťahovali polievkovými cestovinami, aby sa to posunulo ďalej.

1 1/4 šálky olivového oleja

1 stredná mrkva, nakrájaná

1 stredné zelerové rebro, nasekané

1 stredná nakrájaná cibuľa

2 strúčiky cesnaku nakrájané nadrobno

2 lyžice nasekanej čerstvej petržlenovej vňate

3 polievkové lyžice paradajkovej pasty

Soľ a čerstvo mleté čierne korenie

1 1/2 libier varených zemiakov, olúpaných a nakrájaných

1 libra tubetti alebo malých mäkkýšov

1/2 šálky čerstvo nastrúhaného Pecorino Romano alebo Parmigiano-Reggiano

1. Do veľkého hrnca nalejte olej a pridajte nakrájané ingrediencie okrem zemiakov. Varte na miernom ohni za občasného miešania, kým nezmäkne a nezozlatne, asi 15 až 20 minút.

2. Pridajte paradajkovú pastu a soľ a korenie podľa chuti. Pridajte zemiaky a 4 šálky vody. Priveďte do varu a varte, kým zemiaky nezmäknú, asi 30 minút. Zadnou stranou lyžice roztlačte niekoľko zemiakov.

3. Vo veľkom hrnci priveďte do varu asi 4 litre vody. Pridajte 2 polievkové lyžice soli a potom cestoviny. Dobre premiešajte. Varte za častého miešania, kým nie sú cestoviny al dente, jemné, ale pevné pri zahryznutí. Nechajte si časť vody na varenie. Pridajte cestoviny do zemiakovej zmesi. V prípade potreby pridajte trochu odloženej vody na varenie, ale zmes musí zostať dosť hustá. Pridajte syr a ihneď podávajte.

Škrupiny z karfiolu a syra

Conchiglie al Cavolfiore

Vyrába 6 porcií

Všestranný karfiol je hviezdou mnohých cestovinových jedál v južnom Taliansku. Na Sicílii sme urobili toto jednoduché jedlo s miestnym karfiolom zafarbeným na fialovo.

1 1/2 šálky olivového oleja

1 stredná cibuľa, jemne nakrájaná

1 stredný karfiol, orezaný a nakrájaný na ružičky

Soľ

2 lyžice nasekanej čerstvej petržlenovej vňate

čerstvo mleté čierne korenie

1 libra mušlí

3 1/4 šálky čerstvo nastrúhaného Pecorino Romano

1. Nalejte olej do dostatočne veľkej panvice, aby sa do nej zmestili uvarené cestoviny. Pridajte cibuľu a varte na strednom ohni 5

minút. Pridajte karfiol a soľ podľa chuti. Prikryte a varte 15 minút alebo kým karfiol nezmäkne. Podľa chuti pridáme petržlenovú vňať a čierne korenie.

2. Vo veľkom hrnci prevarte aspoň 4 litre vody. Pridajte 2 polievkové lyžice soli a potom cestoviny. Dobre premiešajte. Varte na prudkom ohni za častého miešania, kým nie sú cestoviny al dente, jemné, ale pevné pri zahryznutí. Cestoviny sceďte a nechajte si časť vody na varenie.

3. Pridajte cestoviny do panvice s karfiolom a dobre premiešajte na strednom ohni. V prípade potreby pridajte trochu vody na varenie. Pridajte syr a znova premiešajte s veľkým množstvom čierneho korenia. Ihneď podávajte.

Karfiol, šafran a ríbezľové cestoviny

Cestoviny Arriminati

Vyrába 6 porcií

Odrody sicílskeho karfiolu siahajú od purpurovo bielej po hráškovo zelenú a chutia úžasne na jeseň a v zime, keď sú čerstvo zozbierané. Je to jedna z mnohých sicílskych kombinácií cestovín a karfiolu. Šafran dodáva zlatožltú farbu a jemnú chuť, zatiaľ čo ríbezle a ančovičky dodávajú sladkosť a slanosť. Opražená strúhanka sa postará o jemné chrumkavosť na záver.

1 lyžička šafranových nití

2/3 šálky čiernych ríbezlí alebo hrozienok

Soľ

1 veľký karfiol (asi 2 libry), orezaný a nakrájaný na ružičky

1/3 šálky olivového oleja

1 stredná cibuľa, jemne nakrájaná

6 filé sardel, scedených a nakrájaných

čerstvo mleté čierne korenie

1/3 šálky píniových orieškov, jemne opražených

1 libra penne alebo mäkkýšov

1 1/4 šálky opečenej strúhanky

1.V malej miske pokropte šafranové nite 2 polievkovými lyžicami horúcej vody. Vložte ríbezle do ďalšej misky s horúcou vodou, aby ste ju zakryli. Nechajte obe sedieť asi 10 minút.

2.Vo veľkom hrnci prevarte aspoň 4 litre vody. Pridajte 2 polievkové lyžice soli a karfiol. Varte za častého miešania, kým karfiol po prepichnutí nožom nezmäkne, asi 10 minút. Karfiol vyberte štrbinovou lyžicou, vodu si nechajte na varenie cestovín.

3.Nalejte olej do dostatočne veľkej panvice, aby sa do nej zmestili uvarené cestoviny. Pridajte cibuľu a varte na strednom ohni 10 minút. Pridajte ančovičky a varte ďalšie 2 minúty za častého miešania, kým sa nerozpustia. Pridajte šafran a namáčaciu tekutinu. Ríbezle scedíme a pridáme do panvice.

4.Pridáme uvarený karfiol. Vezmite trochu vody z varenia a pridajte ju do panvice s karfiolom. Varte 10 minút, pričom karfiol rozdeľte zadnou stranou lyžice, až kým nie je nakrájaný na drobno. Pridajte soľ a korenie podľa chuti. Pridajte píniové oriešky.

5. Kým sa karfiol varí, opäť privedieme varnú vodu do varu. Pridajte cestoviny a dobre premiešajte. Varte na prudkom ohni za častého miešania, kým nie sú cestoviny al dente, jemné, ale pevné pri zahryznutí. Nechajte si časť vody na varenie. Cestoviny sceďte a potom ich pridajte na panvicu s karfiolovou zmesou. Dobre premiešajte a pridajte trochu vody na varenie, ak sa vám cestoviny zdajú suché.

6. Cestoviny podávame posypané opraženou strúhankou.

Motýliky s artičokmi a hráškom

Farfalle s Carciofi

Vyrobí 4-6 porcií

Hoci mnohé talianske strediská sa počas zimných mesiacov zatvárajú, väčšina sa opäť otvára na Veľkú noc. To bol prípad Portofina, keď som tam bol jeden rok, aj keď bolo daždivé a chladné počasie. Nakoniec sa obloha vyjasnila a vyšlo slnko a ja a môj manžel sme mohli obedovať na terase nášho hotela s výhľadom na more.

Začali sme týmito cestovinami, po ktorých nasledovala celá ryba, grilovaná s olivami. Dezertom bol citrónový koláč. Bola to perfektná veľkonočná večera.

Ak nemáte baby artičoky, nahraďte ich väčšími, nakrájanými na štvrtiny.

500 g baby artičokov

2 lyžice olivového oleja

1 malá cibuľa nakrájaná nadrobno

1 strúčik cesnaku nakrájaný nadrobno

Soľ a čerstvo mleté čierne korenie

2 šálky čerstvého hrášku alebo 1 balenie (10 uncí) mrazeného

1 1/2 šálky nasekanej čerstvej bazalky alebo plochej petržlenovej vňate

1 libra farfalle

1/2 šálky čerstvo nastrúhaného Parmigiano-Reggiano

1. Pomocou veľkého noža odrežte 1-palcový vrchol artičokov. Dobre ich opláchnite v studenej vode. Nakloňte sa a odrežte malé listy okolo základne. Pomocou nožníc odrežte špicatý koniec zostávajúcich listov. Odlúpnite pevnú vonkajšiu kožu zo stoniek a okolo základne. Artičoky prekrojíme na polovice. Pomocou malého noža s tupou špičkou zoškrabte chlpaté listy od stredu. Artičoky nakrájame na tenké plátky.

2. Nalejte olivový olej do hrnca, ktorý je dostatočne veľký, aby sa do neho zmestili uvarené cestoviny. Pridajte cibuľu a cesnak a za občasného miešania varte na miernom ohni 10 minút. Pridajte artičoky a 2 polievkové lyžice vody. Pridajte soľ a korenie podľa chuti. Varte 10 minút alebo kým artičoky nezmäknú.

3. Pridajte hrášok. Varte 5 minút alebo kým hrášok nezmäkne. Odstavíme z ohňa a pridáme bazalku.

4. Priveďte do varu aspoň 4 litre vody. Pridajte 2 polievkové lyžice soli a potom cestoviny. Dobre premiešajte. Varte za častého miešania, kým nie sú cestoviny al dente, jemné, ale pevné pri zahryznutí. Nechajte si časť vody na varenie. Cestoviny sceďte.

5. Cestoviny zmiešame s artičokovou omáčkou a v prípade potreby trochou vody na varenie. Pridajte kvapku extra panenského olivového oleja a znova premiešajte. Zmiešame so syrom a ihneď podávame.

Fettuccine s artičokmi a hríbmi

Fettuccine s Carciofi a Porcini

Vyrobí 4-6 porcií

Artičoky a porcini sa môžu zdať ako nezvyčajná kombinácia, ale nie v Ligúrii, kde som tieto cestoviny jedol. Keďže je toto jedlo veľmi chutné, strúhaný syr nie je potrebný, najmä ak ho dochutíte dobrým extra panenským olivovým olejom.

1 unca sušených hríbov

1 šálka vlažnej vody

1 libra artičokov

1 1/4 šálky olivového oleja

1 malá nakrájaná cibuľa

1 strúčik cesnaku, veľmi jemne nasekaný

2 lyžice nasekanej čerstvej petržlenovej vňate

1 šálka olúpaných čerstvých paradajok zbavených semienok a nakrájaných na kocky alebo konzervovaných slivkových paradajok z dovozu, scedených a nakrájaných na kocky

Soľ a čerstvo mleté čierne korenie

1 libra suchého fettuccinu

extra panenský olivový olej

1. Vložte huby do vody a nechajte ich 30 minút namočiť. Vyberte huby z vody, rezervujte si tekutinu. Opláchnite huby pod tečúcou studenou vodou, aby ste odstránili všetku drvinu, pričom osobitnú pozornosť venujte koncom stoniek, kde sa hromadí nečistota. Huby nakrájame na veľké kúsky. Tekutinu z húb precedíme do misky. Okrem toho nechajte.

2. Pomocou veľkého noža odrežte 1-palcový vrchol artičokov. Dobre ich opláchnite v studenej vode. Nakloňte sa a odrežte malé listy okolo základne. Pomocou nožníc odrežte špicatý koniec zostávajúcich listov. Odlúpnite pevnú vonkajšiu kožu zo stoniek a okolo základne. Artičoky prekrojíme na polovice. Malým nožom zoškrabte chlpaté listy od stredu. Artičoky nakrájame na tenké plátky.

3. Nalejte olej do dostatočne veľkej panvice, aby sa do nej zmestili uvarené cestoviny. Pridajte cibuľu, huby, petržlenovú vňať a cesnak a varte na miernom ohni 10 minút. Pridajte artičoky, paradajky, soľ a korenie podľa chuti. Pečieme 10 minút. Pridajte tekutinu k hubám a varte ďalších 10 minút, alebo kým artičoky nezmäknú.

4. Vo veľkom hrnci priveďte do varu 4 litre vody. Pridajte 2 polievkové lyžice soli a potom cestoviny. Dobre premiešajte. Varte na prudkom ohni za častého miešania, kým nie sú cestoviny al dente, jemné, ale pevné pri zahryznutí. Nechajte si časť vody na varenie. Cestoviny sceďte.

5. Cestoviny zmiešame s omáčkou a trochou vody na varenie podľa potreby. Pokvapkáme extra panenským olivovým olejom a ihneď podávame.

Rigatoni s baklažánovým ragú

Rigatoni s Ragu di Melanzane

Vyrobí 4-6 porcií

Mäso sa zvyčajne pridáva do paradajkovej omáčky, aby sa pripravil guláš, ale táto vegetariánska verzia z Basilicaty používa baklažán, pretože je rovnako bohatý a chutný.

Riga v názve formy cesta, ako je rigatoni alebo penne rigate, znamená, že má hrebene, ktoré fungujú ako kliešte na omáčku. Rigatoni sú veľké ryhované cestoviny. Jeho hrúbka a veľký tvar dopĺňa výdatné dusené jedlá s hustými ingredienciami.

1 1/4 šálky olivového oleja

1 1/4 šálky nakrájanej šalotky

4 šálky nakrájaného baklažánu

1 1/2 šálky nakrájanej červenej papriky

1 1/2 šálky suchého bieleho vína

1 1/2 libry slivkových paradajok, olúpaných, zbavených semienok a nakrájaných na kocky, alebo 2 šálky dovezených slivkových paradajok z konzervy so šťavou

Vetvička čerstvého tymiánu

Soľ

čerstvo mleté čierne korenie

1 libra rigatoni, penne alebo farfalle

Extra panenský olivový olej, na polievanie

1. Nalejte olej do veľkej panvice s hrubým dnom. Pridajte šalotku a varte 1 minútu na strednom ohni. Pridajte baklažán a červenú papriku. Varte za častého miešania, kým zelenina nezmäkne, asi 10 minút.

2. Pridajte víno a varte 1 minútu, kým sa neodparí.

3. Pridajte paradajky, tymian, soľ a korenie podľa chuti. Znížte teplo na minimum. Varte za občasného miešania 40 minút alebo kým omáčka nezhustne a zelenina nezmäkne. Ak je zmes príliš suchá, pridajte trochu vody. Odstráňte tymian.

4. Vo veľkom hrnci prevarte aspoň 4 litre vody. Pridajte 2 polievkové lyžice soli a potom cestoviny. Dobre premiešajte. Varte na prudkom ohni za častého miešania, kým nie sú cestoviny al dente, jemné, ale pevné pri zahryznutí. Nechajte si časť vody na varenie. Cestoviny sceďte a preneste do teplej servírovacej misy.

5. Nalejte omáčku a dobre premiešajte, v prípade potreby pridajte trochu vody na varenie. Pokvapkajte trochou extra panenského olivového oleja a znova premiešajte. Ihneď podávajte.

Sicílske špagety s baklažánom

Norma špagety

Vyrobí 4-6 porcií

Pravítkoje názov krásnej opery, ktorú skomponoval Sicílčan Vincenzo Bellini. Tieto cestoviny vyrobené z baklažánu, obľúbenej zeleniny na Sicílii, boli pomenované po opere.

Ricotta salata je lisovaná forma ricotty, ktorá sa dobre krája pri konzumácii syra alebo strúhaní cestovín. Existuje aj údená verzia, ktorá je obzvlášť chutná, hoci som ju nikdy nevidel mimo Sicílie. Ak nenájdete ricottu salatu, nahraďte ju fetou, ktorá je veľmi podobná, alebo použite Pecorino Romano.

1 stredný baklažán, orezaný a nakrájaný na plátky hrubé 1/4 palca

Soľ

olivový olej na vyprážanie

2 strúčiky cesnaku, ľahko rozdrvené

Štipka mletej červenej papriky

3 libry zrelých slivkových paradajok, olúpaných, zbavených semienok a nakrájaných na kocky, alebo 1 (28 uncí) dovezených olúpaných slivkových paradajok, scedených a nakrájaných na kocky

6 lístkov čerstvej bazalky

1 libra špagiet

1 šálka strúhaného šalátu ricotta alebo pecorino romano

1. Plátky baklažánu uložte do cedníka na tanieri a každú vrstvu posypte soľou. Nechajte stáť 30 až 60 minút. Opláchnite baklažány a osušte ich papierovou utierkou.

2. Na hrubú, hlbokú panvicu nalejte asi 1/2 palca oleja. Olej zohrejte na strednom ohni, kým malý kúsok baklažánu po vložení do panvice nezasyčí. Plátky baklažánu opečte po niekoľkých do zlatista z oboch strán. Nechajte odkvapkať na papierových utierkach.

3. Nalejte 3 polievkové lyžice oleja do stredného hrnca. Pridajte cesnak a drvenú červenú papriku a varte na strednom ohni, kým cesnak nezozlatne, asi 4 minúty. Odstráňte cesnak. Pridajte paradajky a soľ podľa chuti. Znížte teplotu na minimum a varte 20 až 30 minút alebo kým omáčka nezhustne. Pridajte bazalku a vypnite oheň.

4. Vo veľkom hrnci prevarte aspoň 4 litre vody. Pridajte 2 polievkové lyžice soli a potom cestoviny. Dobre premiešajte. Varte na prudkom ohni za častého miešania, kým nie sú cestoviny al dente, jemné, ale pevné pri zahryznutí. Nechajte si časť vody na varenie. Cestoviny sceďte.

5. Vložte cestoviny s omáčkou do teplej servírovacej misy, ak je to potrebné, pridajte trochu vody na varenie. Pridajte syr a znova premiešajte. Ozdobte plátkami baklažánu a ihneď podávajte.

Motýliky s brokolicou, paradajkami, píniovými orieškami a hrozienkami

Farfalle alla Siciliana

Vyrobí 4-6 porcií

Píniové oriešky dodajú príjemnú chrumkavosť a hrozienka dodajú sladkosť týmto lahodným sicílskym cestovinám. Brokolica sa varí na rovnakej panvici ako cestoviny, takže sa jej chute naozaj spoja. Ak skončíte s veľkými okrúhlymi paradajkami namiesto slivkovej odrody, môžete ich nahradiť, hoci omáčka bude redšia a možno bude potrebné variť o niečo dlhšie.

1/3 šálky olivového oleja

2 strúčiky cesnaku nakrájané nadrobno

Štipka mletej červenej papriky

2 1/2 libry čerstvých slivkových paradajok (asi 15), olúpaných, zbavených semienok a nakrájaných

Soľ a čerstvo mleté čierne korenie

2 lyžice hrozienok

1 libra farfalle

1 stredný zväzok brokolice, odstopkovaný a nakrájaný na malé ružičky

2 lyžice opečených píniových orieškov

1. Nalejte olej do dostatočne veľkej panvice, aby sa do nej zmestili cestoviny. Pridáme cesnak a drvenú červenú papriku. Varte na strednom ohni, kým cesnak nie je zlatý, asi 2 minúty. Pridajte paradajky a soľ a korenie podľa chuti. Priveďte do varu a varte, kým omáčka nezhustne, 15 až 20 minút. Pridajte hrozienka a odstráňte z ohňa.

2. Vo veľkom hrnci prevarte aspoň 4 litre vody. Pridajte 2 polievkové lyžice soli a potom cestoviny. Dobre premiešajte. Varte za častého miešania, kým voda opäť nezovrie.

3. Pridajte brokolicu do cestovín. Varte za častého miešania, kým nie sú cestoviny al dente, jemné, ale pevné pri zahryznutí. Nechajte si časť vody na varenie.

4. Cestoviny a brokolicu sceďte. Pridajte ich na panvicu s paradajkami, v prípade potreby pridajte trochu vody na varenie. Dobre premiešajte. Posypeme píniovými orieškami a ihneď podávame.

Cavatelli s listami cesnaku a zemiakmi

Cavatelli so zeleninou a zemiakmi

Vyrobí 4-6 porcií

Umývanie zeleniny nemusí byť moja obľúbená práca, ale nájsť piesok v jedle je ešte horšie, takže ju umývam aspoň trikrát. Stojí to za to. V tomto recepte môžete použiť iba jednu odrodu, ale zmes dvoch alebo troch rôznych druhov zeleniny dodá jedlu zaujímavú textúru a chuť.

Zemiaky v tomto recepte musia byť nakrájané na malé kúsky, aby sa uvarili s cestovinami. Nakoniec sú trochu prepečené a drobivé a dodajú cestovinám krémovú hladkosť.

1 1/2 libry zmiešanej zeleniny, ako je brokolica, mizuna, horčica, kel alebo púpava, upravená

Soľ

1/3 šálky olivového oleja

4 strúčiky cesnaku, nakrájané na tenké plátky

Štipka mletej červenej papriky

Soľ a čerstvo mleté čierne korenie

1 libra cavatelli

1 libra varených zemiakov, olúpaných a nakrájaných na 1/2-palcové kúsky

1. Naplňte umývadlo alebo veľkú misku studenou vodou. Pridajte zeleninu a rozmiešajte ju vo vode. Zeleninu premiestnite do cedníka, vymeňte vodu a potom zopakujte ešte aspoň dvakrát, aby ste odstránili všetky stopy piesku.

2. Veľký hrniec s vodou priveďte do varu. Pridajte zeleninu a soľ podľa chuti. Varte, kým zelenina nezmäkne, 5 až 10 minút, v závislosti od odrôd, ktoré používate. Zeleninu scedíme a necháme mierne vychladnúť pod tečúcou studenou vodou. Zeleninu nakrájame na malé kúsky.

3. Nalejte olej do dostatočne veľkej panvice, aby sa do nej zmestili uvarené cestoviny. Pridáme cesnak a drvenú červenú papriku. Varte na strednom ohni, kým cesnak nie je zlatý, 2 minúty. Pridajte zeleninu a štipku soli. Varte, miešajte, kým sa zelenina neobalí v oleji, asi 5 minút.

4. Vo veľkom hrnci prevarte aspoň 4 litre vody. Pridajte 2 polievkové lyžice soli a potom cestoviny. Varte za častého

miešania, kým voda opäť nezovrie. Pridajte zemiaky a varte, kým cestoviny nie sú al dente, jemné, ale pevné na skus. Nechajte si časť vody na varenie. Cestoviny sceďte.

5. Pridajte cestoviny a zemiaky k zelenine a dobre premiešajte. Ak sa vám cestoviny zdajú suché, pridajte trochu vody na varenie. Ihneď podávajte.

Cuketový linguine

Cuketový linguine

Vyrobí 4-6 porcií

Odolajte nutkaniu kúpiť si malú alebo strednú cuketu a povedzte nie vďaka priateľom záhradkárom, ktorí zúfalo ponúkajú tekvicu veľkosti jazvečíka. Jumbo cuketa je vodnatá, krehká a bez chuti, ale tie dlhé ako párok v rožku a nie hrubšie ako nakrájaná klobása sú jemné a chutné.

V tomto recepte sa mi páči najmä Pecorino Romano, pikantný a pikantný syr z ovčieho mlieka z južného Talianska.

6 malých zelených alebo žltých cukiet (asi 2 libry)

1/3 šálky olivového oleja

3 strúčiky cesnaku nakrájané nadrobno

Soľ a čerstvo mleté čierne korenie

1 1/4 šálky nasekanej čerstvej bazalky

2 lyžice nasekanej čerstvej petržlenovej vňate

1 lyžica nasekaného čerstvého tymiánu

1 libra linguínu

1 1/2 šálky čerstvo nastrúhaného Pecorino Romano

1. Cukety potrieme studenou vodou. Odrežte konce. Nakrájajte pozdĺžne na štvrtiny a potom na plátky.

2. Na panvici dostatočne veľkej na cestoviny zohrejte olej na strednom ohni. Pridajte cuketu a varte za občasného miešania, kým jemne nezhnedne a nezmäkne, asi 10 minút. Zatlačte cuketu na bok panvice a pridajte cesnak, soľ a korenie. Varte 2 minúty. Pridajte bylinky, pridajte cuketu s korením a potom odstráňte z tepla.

3. Kým sa cuketa uvarí, vo veľkom hrnci privedieme do varu 4 litre vody. Pridajte 2 polievkové lyžice soli a potom cestoviny. Dobre premiešajte. Varte na prudkom ohni za častého miešania, kým nie sú cestoviny al dente, jemné, ale pevné pri zahryznutí. Nechajte si časť vody na varenie.

4. Cestoviny sceďte. Vložte cestoviny do panvice s cuketou. Dobre premiešajte, v prípade potreby pridajte trochu vody na varenie. Pridajte syr a znova premiešajte. Ihneď podávajte.

Penne s restovanou zeleninou

Zeleninové cestoviny alla Griglia

Vyrobí 4-6 porcií

Na baklažánoch síce väčšinou nechávam šupku, ale varením šupku zvyknem stvrdnúť, preto ju pred zapnutím grilu olúpem. Taktiež, ak vaše baklažány nie sú čerstvé z farmy, možno ich budete chcieť pred varením osoliť, aby ste znížili horkosť, ktorá sa s dozrievaním zeleniny zvyšuje. Za týmto účelom ošúpte a nakrájajte baklažán, potom plátky vložte do cedníka a každú vrstvu posypte hrubozrnnou soľou. Nechajte stáť 30-60 minút, aby ste odstránili tekutinu. Opláchnite soľ, osušte a varte podľa pokynov.

2 libry slivkových paradajok (asi 12)

Olivový olej

1 stredný baklažán, olúpaný a nakrájaný na hrubé plátky

2 stredne sladké cibule, červené alebo biele, nakrájané na hrubé plátky

Soľ a čerstvo mleté čierne korenie

2 strúčiky cesnaku, veľmi jemne nasekané

12 lístkov čerstvej bazalky, nakrájaných na malé kúsky

1 libra penne

1 1/2 šálky čerstvo nastrúhaného Pecorino Romano

1. Umiestnite gril alebo gril asi 4 palce od zdroja tepla. Predhrejte gril alebo gril. Položte paradajky na gril. Varte za častého otáčania kliešťami, kým paradajky nezmäknú a šupka mierne zuhoľnatená a uvoľnená. Odstráňte paradajky. Plátky baklažánu a cibule potrieme olejom a posypeme soľou a korením. Grilujte, kým zelenina nie je mäkká a zlatá, ale nezuhoľnatená, asi 5 minút z každej strany.

2. Z paradajok odstráňte šupku a odrežte konce stonky. Vložte paradajky do veľkej servírovacej misy a dobre ich roztlačte vidličkou. Pridajte cesnak, bazalku, 1/4 šálky oleja, soľ a korenie podľa chuti.

3. Baklažán a cibuľu nakrájame na tenké pásiky a pridáme ich k paradajkám.

4. Vo veľkom hrnci prevarte aspoň 4 litre vody. Pridajte 2 polievkové lyžice soli a potom cestoviny. Dobre premiešajte. Varte na prudkom ohni za častého miešania, kým nie sú

cestoviny al dente, jemné, ale pevné pri zahryznutí. Zarezervujte si časť štiav na varenie.

5. Cestoviny sceďte. Vo veľkej servírovacej miske kombinujte cestoviny so zeleninou. Ak sa vám cestoviny zdajú suché, pridajte trochu vody na varenie. Pridajte syr a ihneď podávajte.

Penne s hubami, cesnakom a rozmarínom

Penne s hubami

Vyrobí 4-6 porcií

V tomto recepte môžete použiť akýkoľvek druh húb, ako je hliva, shiitake, cremini alebo štandardná biela odroda. Kombinácia je obzvlášť dobrá. Ak máte skutočné lesné huby, ako sú smrže, nezabudnite ich dobre očistiť, pretože môžu byť veľmi zrnité.

1 1/4 šálky olivového oleja

1 libra húb, nakrájaných na tenké plátky

2 veľké strúčiky cesnaku nakrájané nadrobno

2 čajové lyžičky veľmi jemne nasekaného čerstvého rozmarínu

Soľ a čerstvo mleté čierne korenie

1 libra penne alebo farfalle

2 lyžice nesoleného masla

2 lyžice nasekanej čerstvej petržlenovej vňate

1. Na panvici dostatočne veľkej na cestoviny zohrejte olej na strednom ohni. Pridajte huby, cesnak a rozmarín. Varte za častého miešania, kým huby nezačnú púšťať tekutinu, asi 10 minút. Pridajte soľ a korenie podľa chuti. Varte za častého miešania, kým huby nezhnednú, ešte asi 5 minút.

2. Vo veľkom hrnci prevarte aspoň 4 litre vody. Pridajte 2 polievkové lyžice soli a potom cestoviny. Dobre premiešajte. Varte na prudkom ohni za častého miešania, kým nie sú cestoviny al dente, jemné, ale pevné pri zahryznutí. Nechajte si časť vody na varenie.

3. Cestoviny sceďte. Cestoviny vhoďte na panvicu s hubami, maslom a petržlenovou vňaťou. Ak sa vám cestoviny zdajú suché, pridajte trochu vody na varenie. Ihneď podávajte.

Cesnak a repa Linguini

Linguine s barbabietole

Vyrobí 4-6 porcií

Cestoviny a cvikla sa môžu zdať ako nezvyčajná kombinácia, no keďže som ich vyskúšala v malom mestečku na pobreží Emilia-Romagna, patrí medzi moje obľúbené. Nielen, že je to chutné, ale je to aj jedno z najkrajších cestovín, aké som kedy mal. Každý bude ohromený jeho úžasnou farbou. Urobte to koncom leta a začiatkom jesene, keď je čerstvá červená repa najsladšia.

8 stredne nakrájanej červenej repy

1/3 šálky olivového oleja

3 strúčiky cesnaku nakrájané nadrobno

Štipka mletej červenej papriky, alebo podľa chuti

Soľ

1 libra linguínu

1. Umiestnite stojan do stredu rúry. Predhrejte rúru na 450 ° F. Vydrhnite repu a zabaľte ju do veľkého listu hliníkovej fólie a

pevne ju utesnite. Položte balík na plech na pečenie. Pečieme 45 až 75 minút, v závislosti od veľkosti, alebo kým repa nezmäkne, keď ju ostrým nožom prepichneme cez fóliu. Cviklu necháme vychladnúť vo fólii. Cviklu ošúpeme a nakrájame.

2. Nalejte olej do dostatočne veľkej panvice, aby sa do nej zmestili uvarené cestoviny. Pridáme cesnak a drvenú červenú papriku. Varte na strednom ohni, kým cesnak nie je zlatý, asi 2 minúty. Pridajte repu a miešajte do olejovej zmesi, kým sa nezahreje.

3. Vo veľkom hrnci prevarte aspoň 4 litre vody. Pridajte 2 polievkové lyžice soli a potom cestoviny. Dobre premiešajte. Varte na prudkom ohni za častého miešania, kým nie sú cestoviny al dente, jemné, ale pevné pri zahryznutí.

4. Cestoviny sceďte a nechajte si časť vody na varenie. Nalejte linguini do panvice s repou. Pridajte trochu vody na varenie a varte na strednom ohni, pričom cestoviny otáčajte vidličkou a lyžicou, až kým nebudú rovnomerne hnedé, asi 2 minúty. Ihneď podávajte.

Motýliky s cviklou a zeleňou

Farfalle v Barbabietole

Vyrobí 4-6 porcií

Ide o variant<u>Cesnak a repa Linguini</u>recept s použitím repy aj repnej zelene. Ak sa vám končeky repy zdajú mäkké alebo hnedé, nahraďte ich asi pol kila čerstvého špenátu, mangoldu alebo inej zeleniny.

1 zväzok čerstvej červenej repy so špičkami (4 až 5 repy)

1/3 šálky olivového oleja

2 veľké strúčiky cesnaku nakrájané nadrobno

Soľ a čerstvo mleté čierne korenie

1 libra farfalle

4 unce ricotta salata, strúhaná

1. Umiestnite stojan do stredu rúry. Predhrejte rúru na 450 ° F. Zelenú repu nakrájajte na plátky a odložte. Potrite repu a zabaľte ju do veľkého listu hliníkovej fólie, pričom ju pevne utesnite. Položte balík na plech na pečenie. Pečieme 45 až 75 minút, v závislosti od veľkosti, alebo kým repa nezmäkne, keď ju

ostrým nožom prepichneme cez fóliu. Cviklu necháme vychladnúť vo fólii. Rozbaľte fóliu, potom ošúpte a nakrájajte repu.

2. Zeleninu dobre umyte a odstráňte tvrdé stonky. Veľký hrniec s vodou priveďte do varu. Pridajte zeleninu a soľ podľa chuti. Varte 5 minút alebo kým zelenina nie je takmer mäkká. Zeleninu sceďte a ochlaďte pod tečúcou vodou. Zeleninu nahrubo nakrájame.

3. Nalejte olej do dostatočne veľkej panvice, aby sa do nej zmestili všetky cestoviny a zelenina. Pridajte cesnak. Varte na strednom ohni, kým cesnak nie je zlatý, asi 2 minúty. Pridajte repu a zeleninu a štipku soli a korenia. Varte za stáleho miešania asi 5 minút alebo kým zelenina nie je horúca.

4. Vo veľkom hrnci prevarte aspoň 4 litre vody. Pridajte 2 polievkové lyžice soli a potom cestoviny. Dobre premiešajte. Varte na prudkom ohni za častého miešania, kým nie sú cestoviny al dente, jemné, ale pevné pri zahryznutí.

5. Cestoviny sceďte a nechajte si časť vody na varenie. Pridajte cestoviny na panvicu s repou. Pridajte trochu vody na varenie a za stáleho miešania varte, kým cestoviny rovnomerne nezhnednú, asi 1 minútu. Pridajte syr a znova premiešajte.

Ihneď podávame bohato posypané čerstvo mletým čiernym korením.

cestoviny so šalátom

Insalata cestoviny

Vyrobí 4-6 porcií

Cestoviny premiešané so šalátom z čerstvej zeleniny tvoria lahodné ľahké letné jedlo. Dostal som to pri návšteve priateľov v Piemonte. Nenechávajte odležať príliš dlho, inak zelenina stratí chuť a lesk.

2 stredné paradajky, nakrájané

1 stredná feniklová cibuľka, orezaná a nakrájaná na malé kúsky

1 malá červená cibuľa, nakrájaná

1 1/4 šálky extra panenského olivového oleja

2 lyžice bazalky nakrájanej na tenké prúžky

Soľ a čerstvo mleté čierne korenie

2 šálky rukoly nakrájanej na malé kúsky

1 libra lakťov

1. Vo veľkej servírovacej miske zmiešajte paradajky, fenikel, cibuľu, olivový olej, bazalku, soľ a korenie podľa chuti. Dobre premiešajte. Ozdobíme rukolou.

2. Vo veľkom hrnci prevarte aspoň 4 litre vody. Pridajte 2 polievkové lyžice soli a potom cestoviny. Varte na prudkom ohni za častého miešania, kým nie sú cestoviny al dente, jemné, ale pevné pri zahryznutí. Nechajte si časť vody na varenie. Cestoviny sceďte.

3. Cestoviny premiešame so šalátovou zmesou. Ak sa vám cestoviny zdajú suché, pridajte trochu vody na varenie. Ihneď podávajte.

Fusilli s pečenými paradajkami

Fusilli s Pomodori al Forno

Vyrobí 4-6 porcií

Pečené paradajky sú v mojom dome obľúbenou prílohou, niečo, čo podávam s rybami, teľacími kotletami alebo steakom. Jedného dňa pripravila veľký hrniec plný, ale nemala čo podávať okrem suchých cestovín. Opečené paradajky a ich šťavu som zmiešala s čerstvo uvarenými fusilli. Teraz to robím stále.

2 libry zrelých slivkových paradajok (asi 12 až 14), nakrájaných na plátky hrubé 1/4 palca

3 veľké strúčiky cesnaku nakrájané nadrobno

1 1/2 čajovej lyžičky sušeného oregana

Soľ a čerstvo mleté čierne korenie

1/3 šálky olivového oleja

1 libra fusilli

1 1/2 šálky nasekanej čerstvej bazalky alebo plochej petržlenovej vňate

1. Umiestnite stojan do stredu rúry. Predhrejte rúru na 400 ° F. Namažte 13 × 9 × 2 palcov pekáč alebo zapekaciu misu.

2. Polovicu plátkov paradajok poukladáme na pripravený tanier. Posypeme cesnakom, oreganom, soľou a korením podľa chuti. Ozdobte zvyšnými paradajkami. Pokvapkáme olejom.

3. Pečte, kým paradajky nezmäknú, 30 až 40 minút. Vyberte misku z rúry.

4. Vo veľkom hrnci prevarte aspoň 4 litre vody. Pridajte 2 polievkové lyžice soli a potom cestoviny. Dobre premiešajte. Varte na prudkom ohni za častého miešania, kým nie sú cestoviny al dente, jemné, ale pevné pri zahryznutí. Cestoviny sceďte a nechajte si časť vody na varenie.

5. Pastu nalejeme na uvarené paradajky a dobre premiešame. Pridajte bazalku alebo petržlenovú vňať a znova premiešajte, ak sa vám cestoviny zdajú suché, pridajte trochu vody na varenie. Ihneď podávajte.

Kolená so zemiakmi, paradajkami a rukolou

la Bandiera

Vyrobí 6-8 porcií

V Apúlii sa tieto cestoviny nazývajú „la bandera", pretože majú červenú, bielu a zelenú farbu talianskej vlajky. Niektorí kuchári ho pripravujú s väčším množstvom tekutiny a podávajú v polievke.

1 1/4 šálky olivového oleja

2 veľké strúčiky cesnaku nakrájané nadrobno

Štipka mletej červenej papriky

1 1/2 libry zrelých slivkových paradajok, olúpaných, zbavených semienok a nakrájaných (asi 3 šálky)

2 lyžice nasekanej čerstvej bazalky

Soľ a čerstvo mleté čierne korenie

1 libra lakťov

3 stredne vriace zemiaky (1 libra), olúpané a nakrájané na 1/2-palcové kúsky

2 zväzky rukoly, orezané a nakrájané na 1-palcové kúsky (asi 4 šálky)

1/3 šálky čerstvo nastrúhaného syra Pecorino Romano

1. Nalejte olej do dostatočne veľkej panvice, aby sa do nej zmestili cestoviny. Pridáme cesnak a drvenú červenú papriku. Varte na strednom ohni, kým cesnak nie je zlatý, 2 minúty.

2. Pridajte paradajky, bazalku, soľ a korenie podľa chuti. Privedieme do varu a za občasného miešania varíme, kým omáčka mierne nezhustne, asi 10 minút.

3. Vo veľkom hrnci prevarte aspoň 4 litre vody. Pridajte 2 polievkové lyžice soli a potom cestoviny. Dobre premiešajte. Keď voda opäť vrie, pridáme zemiaky. Varte za častého miešania, kým nie sú cestoviny al dente, jemné, ale pevné pri zahryznutí.

4. Cestoviny a zemiaky sceďte a nechajte si trochu vody na varenie. Pridajte cestoviny, zemiaky a rukolu do vriacej paradajkovej omáčky. Varte za stáleho miešania 1 až 2 minúty alebo kým nie sú cestoviny a zelenina dobre pokryté omáčkou. Ak sa vám cestoviny zdajú suché, pridajte trochu vody na varenie.

5. Pridajte syr a ihneď podávajte.

Linguini v rustikálnom rímskom štýle

Ciociara Linguine

Vyrobí 4-6 porcií

S týmito rímskymi cestovinami ma zoznámili moji priatelia Diane Darrow a Tom Maresca, ktorí píšu o talianskom víne a jedle. Názov znamená v miestnom dialekte „sedliacky štýl". Svieža bylinková príchuť zeleného korenia dáva vyniknúť týmto jednoduchým cestovinám.

1 stredne zelená paprika

1 1/2 šálky olivového oleja

2 šálky olúpaných, zbavených semienok a nakrájaných na kocky čerstvých paradajok alebo konzervovaných slivkových paradajok z dovozu, scedených a nakrájaných na kocky

1/2 šálky nahrubo nasekaných čiernych olív Gaeta alebo iných sladkých čiernych olív sušených v oleji

Soľ

Štipka mletej červenej papriky

1 libra linguine alebo špagiet

1 1/2 šálky čerstvo nastrúhaného Pecorino Romano

1. Papriku rozrežte na polovicu a odstráňte stonku a semená. Papriku pozdĺžne nakrájajte na tenké plátky a potom po šírke nakrájajte na tretiny.

2. Na panvici dostatočne veľkej, aby sa do nej zmestili uvarené špagety, zohrejte olej na strednom ohni. Pridajte paradajky, papriku, olivy, soľ podľa chuti a drvenú červenú papriku. Priveďte do varu a za občasného miešania varte, kým omáčka mierne nezhustne, asi 20 minút.

3. Vo veľkom hrnci prevarte aspoň 4 litre vody. Pridajte 2 polievkové lyžice soli a potom cestoviny. Dobre premiešajte. Varte na prudkom ohni za častého miešania, kým nie sú cestoviny al dente, jemné, ale pevné pri zahryznutí. Cestoviny sceďte a nechajte si časť vody na varenie.

4. Pridajte cestoviny na panvicu s omáčkou. Varte a miešajte na strednom ohni 1 minútu, ak sa vám cestoviny zdajú suché, pridajte trochu vody na varenie. Pridajte syr a znova premiešajte. Ihneď podávajte.

Penne s jarnou zeleninou a cesnakom

Penne s Primaverou

Vyrobí 4-6 porcií

Hoci klasickým spôsobom prípravy salsy primavera je smotana a maslo, táto metóda olivového oleja s cesnakovou príchuťou je tiež dobrá.

1 1/4 šálky olivového oleja

4 strúčiky cesnaku nakrájané nadrobno

8 špargle, nakrájanej na malé kúsky

4 zelené cibule, nakrájané na 1/4-palcové plátky

3 veľmi malé cukety (asi 12 uncí), nakrájané na 1/4-palcové plátky

2 stredné mrkvy, nakrájané na 1/4-palcové plátky

2 polievkové lyžice vody

Soľ a čerstvo mleté čierne korenie

2 šálky malých cherry alebo hroznových paradajok, rozpolených

3 lyžice nasekanej čerstvej petržlenovej vňate

1 1/2 šálky čerstvo nastrúhaného Pecorino Romano

1. Nalejte olej do dostatočne veľkej panvice, aby sa do nej zmestili cestoviny. Pridajte cesnak a varte na strednom ohni 2 minúty. Pridajte špargľu, zelenú cibuľku, cuketu, mrkvu, vodu, soľ a korenie podľa chuti. Panvicu prikryte a znížte teplotu. Varte, kým mrkva nie je takmer mäkká, 5 až 10 minút.

2. Vo veľkom hrnci prevarte aspoň 4 litre vody. Pridajte 2 polievkové lyžice soli a potom cestoviny. Dobre premiešajte. Varte na prudkom ohni za častého miešania, kým nie sú cestoviny al dente, jemné, ale pevné pri zahryznutí. Cestoviny sceďte a nechajte si časť vody na varenie.

3. Pridajte paradajky a petržlenovú vňať do panvice so zeleninou a dobre premiešajte. Pridajte cestoviny a syr a znova premiešajte, ak sa vám cestoviny zdajú suché, pridajte trochu vody z odloženej vody. Ihneď podávajte.

"Vlečné" cestoviny so smotanou a hubami

Cestoviny Strascinata

Vyrobí 4-6 porcií

Hlavným dôvodom návštevy Torgiana v Umbrii je pobyt v Tre Vaselle, krásnom vidieckom hostinci s vynikajúcou reštauráciou. S manželom sme pred pár rokmi jedli tieto nezvyčajné „ťahané" cestoviny. Krátke špicaté trubičky cestovín nazývané pennettes sa varili priamo v omáčke ako rizoto. Takto uvarené cestoviny som ešte nikde inde nevidel.

Pretože technika je celkom iná, nezabudnite si prečítať recept skôr, ako začnete, a predtým, ako začnete, majte po ruke horúci vývar a všetky ingrediencie.

Rodina vinárov Lungarotti vlastní Le Tre Vaselle a k týmto cestovinám by bolo ideálne jedno z ich vynikajúcich červených vín, napríklad Rubesco.

1 stredná cibuľa, jemne nakrájaná

6 lyžíc olivového oleja

1 libra pennette, ditalini alebo tubetti

2 lyžice koňaku

5 domácich horúcich šálokMäsová šťavabuďKurací vývaralebo 2 šálky konzervovaného vývaru zmiešaného s 3 šálkami vody

8 uncí nakrájaných bielych húb

Soľ a čerstvo mleté čierne korenie

3 1/4 šálky hustej smotany

1 šálka čerstvo nastrúhaného Parmigiano-Reggiano

1 lyžica nasekanej čerstvej petržlenovej vňate

1. Na panvici dostatočne veľkej, aby sa do nej zmestili všetky cestoviny, opečte cibuľu na 2 polievkových lyžiciach oleja na strednom ohni, kým nebude mäkká a zlatistá, asi 10 minút. Cibuľu poukladáme na tanier a vytrieme panvicu.

2. Nalejte zvyšné 4 lyžice oleja do panvice a zohrejte na strednom ohni. Pridajte cestoviny a varte za častého miešania, kým cestoviny nezačnú hnednúť, asi 5 minút. Pridajte koňak a varte, kým sa neodparí.

3. Vráťte cibuľu na panvicu a pridajte 2 šálky horúceho vývaru. Znížte teplotu na stredne vysokú a za častého miešania varte,

kým sa väčšina vývaru nevstrebe. Pridajte ďalšie 2 šálky vývaru. Keď sa väčšina tekutiny absorbuje, pridajte huby. Počas stáleho miešania pridávajte po troškách zvyšný vývar podľa potreby, aby cestoviny zostali vlhké. Dochutíme soľou a korením.

4. Asi po 12 minútach, odkedy ste začali pridávať vývar, by mali byť cestoviny takmer al dente, jemné, ale pevné, keď sa do nich zahryznete. Pridáme smotanu a dusíme do mierneho zhustnutia, asi 1 minútu.

5. Odstráňte panvicu z ohňa a pridajte syr. Pridajte petržlenovú vňať a ihneď podávajte.

Rímske cestoviny s paradajkami a mozzarellou

Checa cestoviny

Vyrobí 4-6 porcií

Keď môj manžel prvýkrát vyskúšal tieto cestoviny v Ríme, miloval ich natoľko, že ich jedol prakticky každý deň, keď sme tam boli. Uistite sa, že používate krémovú čerstvú mozzarellu a veľmi zrelé paradajky. Je to ideálne cesto na letné dni.

3 stredne zrelé paradajky

1 1/4 šálky extra panenského olivového oleja

1 malý strúčik cesnaku nasekaný nadrobno

Soľ a čerstvo mleté čierne korenie

20 lístkov bazalky

1 libra tubetti alebo ditalini

8 uncí čerstvej mozzarelly, nakrájanej na malé kocky

1. Paradajky prekrojte na polovicu a odstráňte jadrovník. Semená paradajok vytlačte. Nakrájajte paradajky a vložte ich do

dostatočne veľkej misy, aby sa do nej zmestili všetky ingrediencie.

2.Pridajte olej, cesnak, soľ a korenie podľa chuti. Listy bazalky poukladajte a nakrájajte na tenké pásiky. Pridajte bazalku k paradajkám. Túto omáčku je možné pripraviť vopred a skladovať pri izbovej teplote až 2 hodiny.

3.Vo veľkom hrnci prevarte aspoň 4 litre vody. Pridajte 2 polievkové lyžice soli a potom cestoviny. Dobre premiešajte. Varte na prudkom ohni za častého miešania, kým nie sú cestoviny al dente, jemné, ale pevné pri zahryznutí. Cestoviny scedíme a premiešame s omáčkou. Pridajte mozzarellu a znova premiešajte. Ihneď podávajte.

Fusilli z tuniaka a paradajok

Fusilli al Tonno

Vyrobí 4-6 porcií

Tak ako mám rád dobré grilované steaky z čerstvého tuniaka, myslím, že ešte radšej mám tuniaka z konzervy. Robí skvelé sendviče a šaláty, samozrejme, ale Taliani majú iné využitie, napríklad v klasickom Vitello Tonnato (Teľacie mäso v tuniakovej omáčke) na teľacie mäso alebo ako paštétu alebo s cestovinami, ako to zvyčajne robia kuchári na Sicílii. Na túto omáčku nepoužívajte tuniaka baleného vo vode. Chuť je príliš jemná a textúra príliš jemná. Pre najlepšiu chuť a textúru použite dobrú značku tuniaka baleného v olivovom oleji z Talianska alebo Španielska.

3 stredné paradajky, nakrájané

1 plechovka (7 uncí) dovezeného talianskeho alebo španielskeho tuniaka baleného v olivovom oleji

10 nasekaných lístkov čerstvej bazalky

1 1/2 čajovej lyžičky sušeného oregana, rozdrveného

Štipka mletej červenej papriky

Soľ

1 libra fusilli alebo rotelle

1. Vo veľkej mise zmiešajte paradajky, tuniaka s olejom, bazalku, oregano, červenú papriku a soľ podľa chuti.

2. Vo veľkom hrnci prevarte aspoň 4 litre vody. Pridajte 2 polievkové lyžice soli a potom cestoviny. Dobre premiešajte. Varte na prudkom ohni za častého miešania, kým nie sú cestoviny al dente, jemné, ale pevné pri zahryznutí. Nechajte si časť vody na varenie. Cestoviny sceďte.

3. Cestoviny zmiešame s omáčkou. Ak sa vám cestoviny zdajú suché, pridajte trochu vody na varenie. Ihneď podávajte.

Linguini so sicílskym pestom

Linguine s trapanese pestom

Vyrobí 4-6 porcií

Pesto omáčka sa zvyčajne spája s Ligúriou, ale patrí najmä k bazalke a cesnaku. Pesto v taliančine označuje čokoľvek rozdrvené, nasekané alebo roztlačené, čo je spôsob, akým sa táto omáčka zvyčajne vyrába v Trapani, pobrežnom meste na západe Sicílie.

V tomto jedle je veľa chuti; netreba syr.

1 1/2 šálky blanšírovaných mandlí

2 veľké strúčiky cesnaku

1 1/2 šálky balených čerstvých lístkov bazalky

Soľ a čerstvo mleté čierne korenie

1 libra čerstvých paradajok, olúpaných, zbavených semienok a nasekaných

1/3 šálky extra panenského olivového oleja

1 libra linguínu

1. V kuchynskom robote alebo mixéri kombinujte mandle, cesnak, bazalku a soľ a korenie podľa chuti. Suroviny dobre nasekajte. Pridáme paradajky a olej a vymiešame do hladka.

2. Vo veľkom hrnci prevarte aspoň 4 litre vody. Pridajte 2 polievkové lyžice soli, potom cestoviny a jemne zatlačte, kým sa cestoviny úplne nepokryjú vodou. Dobre premiešajte. Varte na prudkom ohni za častého miešania, kým nie sú cestoviny al dente, jemné, ale pevné pri zahryznutí. Nechajte si časť vody na varenie. Cestoviny sceďte.

3. Nalejte cestoviny do veľkej misy, aby ste ich mohli podávať horúce. Pridajte omáčku a dobre premiešajte. Ak sa vám cestoviny zdajú suché, pridajte trochu rezervovanej vody z cestovín. Ihneď podávajte.

Špagety s "Crazy" pestom

Špagety s pestom Matto

Vyrobí 4-6 porcií

Tento recept je prevzatý z brožúry "The joys of pasta cooking", ktorú vydala spoločnosť Agnesi pasta v Taliansku. Recepty predložili domáci kuchári a autor tohto receptu pravdepodobne vymyslel toto netradičné pesto (odtiaľ názov).

2 stredne zrelé paradajky, olúpané, zbavené semienok a nakrájané

1 1/2 šálky nasekaných čiernych olív

6 listov bazalky, poukladaných a nakrájaných na tenké prúžky

1 lyžica nasekaného čerstvého tymiánu

1 1/4 šálky olivového oleja

Soľ a čerstvo mleté čierne korenie

1 libra špagiet alebo linguine

4 unce mäkkého čerstvého kozieho syra

1. Vo veľkej servírovacej miske zmiešajte paradajky, olivy, bazalku, tymián, olej, soľ a korenie podľa chuti.

2. Vo veľkom hrnci prevarte aspoň 4 litre vody. Pridajte 2 polievkové lyžice soli, potom cestoviny a jemne zatlačte, kým sa cestoviny úplne nepokryjú vodou. Dobre premiešajte. Varte na prudkom ohni za častého miešania, kým cestoviny nezmäknú. Cestoviny sceďte.

3. Pridajte cestoviny do misky s paradajkami a dobre premiešajte. Pridajte kozí syr a znova premiešajte. Ihneď podávajte.

Motýliky so syrovou omáčkou puttanesca

Farfalle alla Puttanesca

Vyrobí 4-6 porcií

Zložky tejto omáčky na cestoviny sú podobné tým<u>Linguini s ančovičkami a pikantnou paradajkovou omáčkou</u>, ale chuť je úplne iná, pretože táto omáčka nevyžaduje varenie.

1 pinta cherry alebo hroznových paradajok, na polovicu

6 až 8 filé zo sardel, nakrájaných

1 veľký strúčik cesnaku, veľmi jemne nasekaný

1/2 šálky vykôstkovanej a nasekanej Gaety alebo iných sladkých čiernych olív

1/4 šálky jemne nasekanej čerstvej petržlenovej vňate

2 lyžice kapary, opláchnuté a nakrájané

1 1/2 čajovej lyžičky sušeného oregana

1 1/4 šálky extra panenského olivového oleja

Soľ podľa chuti

Štipka mletej červenej papriky

1 libra sušeného farfalle alebo fettuccine

1. Vo veľkej mise zmiešajte paradajky, ančovičky, cesnak, olivy, petržlenovú vňať, kapary, oregano, olej, soľ a červenú papriku. Nechajte stáť 1 hodinu pri izbovej teplote.

2. Vo veľkom hrnci prevarte aspoň 4 litre vody. Pridajte 2 polievkové lyžice soli a potom cestoviny. Dobre premiešajte. Varte na prudkom ohni za častého miešania, kým cestoviny nezmäknú. Nechajte si časť vody na varenie. Cestoviny sceďte.

3. Cestoviny zmiešame s omáčkou. Ak sa vám cestoviny zdajú suché, pridajte trochu vody na varenie. Ihneď podávajte.

Cestoviny Crudités

Cestoviny Crudaiola

Vyrobí 4-6 porcií

Zeler dodáva týmto ľahkým letným cestovinám chrumkavosť a citrónovú šťavu čistú, ľahkú chuť.

2 libry zrelých paradajok, olúpaných, zbavených semienok a nasekaných

1 strúčik cesnaku, veľmi jemne nasekaný

1 šálka zelerových krátkych rebier, nakrájaných na tenké plátky

1 1/2 šálky bazalkových listov, nahromadených a nakrájaných na tenké prúžky

1/2 šálky Gaeta alebo iných sladkých čiernych olív zbavených kôstok a nasekaných

1 1/4 šálky extra panenského olivového oleja

1 lyžica citrónovej šťavy

Soľ a čerstvo mleté čierne korenie

1 libra fusilli alebo gemelli

1. Vložte paradajky do veľkej misy s cesnakom, zelerom, bazalkou a olivami a dobre premiešajte. Pridajte olej, citrónovú šťavu, soľ a korenie podľa chuti.

2. Vo veľkom hrnci prevarte aspoň 4 litre vody. Pridajte 2 polievkové lyžice soli a potom cestoviny. Dobre premiešajte. Varte na prudkom ohni za častého miešania, kým cestoviny nezmäknú. Cestoviny sceďte a potom ich rýchlo vhoďte do omáčky. Ihneď podávajte.

Špagety "Ponáhľaj sa"

Spaghetti Sciue 'Sciue'

Vyrobí 4-6 porcií

Malé hroznové paradajky majú veľkú paradajkovú chuť a sú v sezóne po celý rok. V tomto recepte dobre fungujú aj cherry paradajky. Neapolská fráza sciue „sciue" (vyslovuje sa shoo-ay, shoo-ay) znamená niečo ako „ponáhľaj sa" a táto omáčka sa pripravuje rýchlo.

1 1/4 šálky olivového oleja

3 strúčiky cesnaku, nakrájané na tenké plátky

Štipka mletej červenej papriky

3 šálky hroznových alebo cherry paradajok, rozpolené

Soľ

Štipka sušeného oregana, rozdrveného

1 libra špagiet

1. Nalejte olej do dostatočne veľkej panvice, aby sa do nej zmestili uvarené cestoviny. Pridajte cesnak a červenú papriku. Varte na

strednom ohni, kým cesnak jemne nezhnedne, asi 2 minúty. Pridajte paradajky, soľ podľa chuti a oregano. Varte za miešania raz alebo dvakrát 10 minút alebo kým paradajky nezmäknú a šťava mierne nezhustne. Na uhasenie ohňa.

2. Vo veľkom hrnci prevarte aspoň 4 litre vody. Pridajte 2 polievkové lyžice soli, potom cestoviny a jemne zatlačte, kým sa cestoviny úplne nepokryjú vodou. Dobre premiešajte. Varte na prudkom ohni za častého miešania, kým nie sú cestoviny al dente, jemné, ale pevné pri zahryznutí. Cestoviny sceďte a nechajte si časť vody na varenie.

3. Vložte cestoviny do panvice s paradajkovou omáčkou. Znížte teplotu na vysokú a varte za stáleho miešania 1 minútu. Ak sa vám cestoviny zdajú suché, pridajte trochu vody na varenie. Ihneď podávajte.

Penne "nahnevaný"

Penne s Arrabbiatou

Vyrobí 4-6 porcií

Tieto rímske penne sa nazývajú „bláznivé" pre červenú chuť paradajkovej omáčky. Použite toľko alebo tak málo drvenej červenej papriky, koľko chcete. Tieto cestoviny sa zvyčajne podávajú bez syra.

1 1/4 šálky olivového oleja

4 strúčiky cesnaku, ľahko rozdrvené

mletá červená paprika podľa chuti

2 libry olúpaných čerstvých paradajok zbavených semienok a nakrájaných na kocky alebo 1 (28 uncí) dovezených olúpaných slivkových paradajok, scedených a nakrájaných na kocky

2 lístky čerstvej bazalky

Soľ

1 libra penne

1. Nalejte olej do dostatočne veľkej panvice, aby sa do nej zmestili všetky cestoviny. Pridajte cesnak a korenie a varte, kým cesnak nie je zlatohnedý, asi 5 minút. Odstráňte cesnak.

2. Pridajte paradajky, bazalku a soľ podľa chuti. Varte 15 až 20 minút alebo kým omáčka nezhustne.

3. Vo veľkom hrnci prevarte aspoň 4 litre vody. Pridajte 2 polievkové lyžice soli a potom cestoviny. Dobre premiešajte. Varte na prudkom ohni za častého miešania, kým nie sú cestoviny al dente, jemné, ale pevné pri zahryznutí. Nechajte si časť vody na varenie. Cestoviny sceďte.

4. Preneste pero na panvicu a dobre premiešajte na vysokej teplote. Ak sa vám cestoviny zdajú suché, pridajte trochu vody na varenie. Ihneď podávajte.

Rigatoni s ricottou a paradajkovou omáčkou

Rigatoni s ricottou a salsou di Pomodoro

Vyrobí 4-6 porcií

Je to staromódny juhotaliansky spôsob podávania cestovín, ktorému sa nedá odolať. Niektorí kuchári radi polievajú cestoviny len paradajkovou omáčkou a potom prihodia ricottu oddelene, iní radi všetko pred podávaním zmiešajú. Výber je na tebe.

2 1/2 šálky paradajkovej omáčky

1 libra rigatoni, mušle alebo cavatelli

Soľ

1 šálka celej alebo nízkotučnej ricotty pri izbovej teplote

Čerstvo nastrúhané Pecorino Romano alebo Parmigiano-Reggiano, podľa chuti

1. V prípade potreby pripravte omáčku. Vo veľkom hrnci prevarte aspoň 4 litre vody. Pridajte 2 polievkové lyžice soli a potom cestoviny. Dobre premiešajte. Varte na prudkom ohni za častého miešania, kým nie sú cestoviny al dente, jemné, ale pevné pri zahryznutí.

2. Kým sa cestoviny uvaria, omáčku podľa potreby privedieme do varu.

3. Nalejte časť horúcej omáčky do teplej servírovacej misy. Cestoviny sceďte a vložte do misy. Okamžite premiešajte, pridajte omáčku podľa chuti. Pridajte ricottu a dobre premiešajte. Nastrúhaný syr odložíme bokom. Ihneď podávajte.

Motýliky s cherry paradajkami a strúhankou

Farfalle al Pomodorini a Briciole

Vyrobí 4-6 porcií

Tieto cestoviny sú momentálne v Taliansku veľmi módne. Podávajte s kvapkaním extra panenského olivového oleja.

6 lyžíc olivového oleja

1 libra cherry alebo hroznových paradajok, pozdĺžne na polovicu

$1/2$ šálky suchej strúhanky

$1 1/4$ šálky čerstvo nastrúhaného Pecorino Romano

2 lyžice nasekanej čerstvej petržlenovej vňate

Soľ a čerstvo mleté čierne korenie

1 libra farfalle

extra panenský olivový olej

1. Umiestnite stojan do stredu rúry. Predhrejte rúru na 350 ° F. Nastriekajte 4 polievkové lyžice oleja do pekáča s rozmermi 13 × 9 × 2 palca. Do misky rozložte paradajky reznou stranou nahor.

2. V malej miske zmiešajte migy, syr, petržlenovú vňať, zvyšné 2 lyžice olivového oleja a soľ a korenie podľa chuti. Na paradajky rozložíme strúhanku. Pečte 30 minút, alebo kým paradajky nezmäknú a strúhanka jemne opražená.

3. Vo veľkom hrnci prevarte aspoň 4 litre vody. Pridajte 2 polievkové lyžice soli a potom cestoviny. Dobre premiešajte. Varte na silnom ohni za častého miešania, kým cestoviny nezmäknú, ale ľahko sa uvaria. Cestoviny sceďte a pridajte ich na panvicu s paradajkami a kvapkou extra panenského olivového oleja. Ihneď podávajte.

dusené mušle

conchiglie ripiene

Vyrobí 6-8 porcií

Obrie škrupiny cestovín vyzerajú ako loďky plaviace sa po mori s paradajkovou omáčkou. Vzhľadom na bohatosť náplne, tento recept robí 6-8 porcií. Tieto mušle sú pekné na párty.

Asi 4 šálky vašej obľúbenej paradajkovej omáčky alebo duseného mäsa,

Soľ

1 balenie (12 uncí) jumbo mušlí

2 libry celej alebo čiastočne odstredenej ricotty

8 uncí čerstvej mozzarelly, strúhanej

1 šálka čerstvo nastrúhaného Parmigiano-Reggiano

2 lyžice nasekanej čerstvej petržlenovej vňate

1 vajce, zľahka rozšľahané

čerstvo mleté čierne korenie

1. V prípade potreby pripravte omáčku. Vo veľkom hrnci prevarte aspoň 4 litre vody. Pridajte 2 polievkové lyžice soli a potom cestoviny. Dobre premiešajte. Varte na prudkom ohni za častého miešania, kým nie sú cestoviny uvarené a mäkké, ale stále veľmi pevné. Cestoviny sceďte a vložte ich do veľkej misy so studenou vodou.

2. Skombinujte ricottu, mozzarellu, 1/2 šálky parmezánu, petržlenovú vňať, vajíčko, soľ a korenie podľa chuti.

3. Umiestnite stojan do stredu rúry. Predhrejte rúru na 350 ° F. Nalejte tenkú vrstvu omáčky do zapekacej misky dostatočne veľkej na to, aby škrupiny držali v jednej vrstve. Škrupiny cestovín dobre sceďte a osušte. Škrupiny naplníme tvarohovou zmesou a poukladáme vedľa seba na tanier. Nalejte zvyšok omáčky. Posypeme zvyšnou 1/2 šálkou syra.

4. Škrupiny pečieme 25 až 30 minút alebo kým omáčka nezhustne a škrupiny sa nezahrejú.

Cícerové cestoviny

Cestoviny a toto

Vyrába 4 porcie

Kvapka extra panenského olivového oleja je dokonalým zakončením cícerových cestovín. Ak to chcete pikantné, skúste to s niektorými z nich<u>svätý olej</u>.

2 lyžice olivového oleja

2 unce hrubo nakrájanej slaniny, jemne nakrájanej

1 stredná nakrájaná cibuľa

1 libra paradajok, olúpaných, zbavených semienok a nasekaných

1 polievková lyžica nasekanej čerstvej šalvie

Štipka mletej červenej papriky

Soľ

2 šálky uvareného alebo scedeného cíceru z konzervy

8 uncí malých cestovín, ako je lakeť alebo ditali

extra panenský olivový olej

1. Nalejte olej do veľkého hrnca. Pridajte pancettu a cibuľu a varte za občasného miešania na strednom ohni asi 10 minút alebo do mäkka a zlatista.

2. Pridajte paradajky, 1/2 šálky vody, šalviu, červenú papriku a soľ podľa chuti. Priveďte do varu a varte 15 minút. Pridajte cícer a varte ďalších 10 minút.

3. Vo veľkom hrnci priveďte do varu asi 4 litre vody. Pridajte 2 polievkové lyžice soli a potom cestoviny. Dobre premiešajte. Varte za častého miešania, kým nie sú cestoviny mäkké, ale pevné na zahryznutie. Nechajte si časť vody na varenie. Cestoviny sceďte.

4. Pridajte cestoviny na panvicu s omáčkou. Dobre premiešajte a priveďte do varu, v prípade potreby pridajte trochu vody na varenie. Ihneď podávajte.

Rigatoni Rigoletto

Cestoviny s Rigolettom

Vyrába 6 porcií

Táto pasta je pomenovaná po Rigolettovi, tragickom hrdinovi slávnej Verdiho opery. Príbeh sa odohráva v Mantove, kde sú tieto cestoviny veľmi známe.

2-3 talianske bravčové klobásy (asi 12 uncí)

2 lyžice olivového oleja

1 stredná cibuľa, jemne nakrájaná

2 strúčiky cesnaku nakrájané nadrobno

4 polievkové lyžice paradajkovej pasty

2 šálky vody

2 šálky uvarených sušených brusníc alebo fazule cannellini, mierne scedených

Soľ a čerstvo mleté čierne korenie

1 libra rigatoni

1 lyžica nesoleného masla

1 1/4 šálky jemne nasekanej čerstvej bazalky

1/2 šálky čerstvo nastrúhaného Parmigiano-Reggiano

1. Z párkov odstránime črevá a mäso nakrájame nadrobno.

2. Olej nalejte do hrnca, ktorý je dostatočne veľký, aby sa do neho zmestili všetky ingrediencie. Pridajte cibuľu, klobásu a cesnak. Varte na miernom ohni za častého miešania, kým cibuľa nezmäkne a klobása jemne nezhnedne, asi 15 minút.

3. Pridajte paradajkovú pastu a vodu. Priveďte do varu a varte 20 minút alebo kým zmes mierne nezhustne.

4. Pridajte fazuľu a soľ a korenie podľa chuti. Varte 10 minút, pričom zadnou časťou lyžice rozdrvte niekoľko fazule, aby ste získali krémovú omáčku.

5. Vo veľkom hrnci prevarte aspoň 4 litre vody. Pridajte 2 polievkové lyžice soli a potom cestoviny. Dobre premiešajte. Varte na prudkom ohni za častého miešania, kým nie sú cestoviny al dente, jemné, ale pevné pri zahryznutí. Nechajte si časť vody na varenie. Cestoviny sceďte.

6. Pridajte cestoviny na panvicu s omáčkou, premiešajte a varte 1 minútu, v prípade potreby pridajte trochu vody. Pridajte maslo a bazalku. Pridajte syr a znova premiešajte. Ihneď podávajte.

www.ingramcontent.com/pod-product-compliance
Lightning Source LLC
Chambersburg PA
CBHW050347120526
44590CB00015B/1597